Eduard Gottwald

Historische Erzählungen

Eduard Gottwald

Historische Erzählungen

ISBN/EAN: 9783743629202

Hergestellt in Europa, USA, Kanada, Australien, Japan

Cover: Foto ©ninafisch / pixelio.de

Weitere Bücher finden Sie auf **www.hansebooks.com**

Historische Erzählungen

von

Eduard Gottwald.

Berlin, 1869.
Verlag von Gustav Behrend.

Inhalt.

		Seite
I.	Aus dem Bergischen.	5
II.	Der Hofgärtner des alten Dessauer.	54
III.	Die Gräfin zur Lippe	70
IV.	Aus der Werbezeit.	115

I.

Aus dem Bergischen.

In dem freundlichen Dorfe Weyerhoff bei Bensberg welches, wie das gesammte bergische Land, seit 1815 zum preußischen Regierungsbezirke Cöln, im Jahre 1795 aber noch zu Kurbaiern gehörte, befand sich in dem Zimmer des Erdgeschosses eines stattlichen Wohnhauses, welches ein kleiner Blumengarten umgab, der Oberamtsgerichtsadvocat Matthias Liborius Stücker und dessen Gattin, eine kleine corpulente stets geschäftige Frauengestalt mit hochrothen Wangen und dunkeln lebhaften Augen voll freundlicher Zutraulichkeit, die aber jetzt voll stiller Besorgniß die ernsten Falten beobachtete, welche sich auf der Stirn ihres Eheherrn zu lagern schienen. Er stand finsteren Blickes an einem Fenster des Zimmers, von welchem aus man die nach Bensberg und Mühlheim führenden Straßen verfolgen konnte.

„Der Hermann bleibt lange aus!" unterbrach die Gattin jetzt das Schweigen und trat ihrem Manne näher.

„Und wird abgewiesen werden," entgegnete dieser trocken. „Denn dem Oberförster wird jede Gelegenheit willkommen sein, mich seinen Groll fühlen zu lassen."

„Und doch bot er sogleich die Hand, als Du und der Oberschultheiß ihn aufgefordert, mit seiner Jägerei bei der Bildung eines Landsturms thätig zu sein," sprach begütigend

---

Vor Nachdruck dieser Erzählungen wird ausdrücklich gewarnt.

die Gattin. „Und —" setzte sie mit mütterlichem Stolze hinzu, „wo will denn der Herr Oberförster in der ganzen Umgegend einen besseren Schwiegersohn für seine Tochter finden, die ein gutes, liebes Kind ist, als unsern Hermann, der als Oekonom sein Fach gründlich versteht, von der seligen guten Tante das schöne Stadtgut in Mühlheim geerbt und eine Frau ganz anständig ernähren kann? Hat der Alte es doch stets gern gesehen, wenn unser Sohn Ulrikchen bei allen Festen auszeichnete, die wir gemeinsam gefeiert, und wohl gewußt, warum es just der Hermann war, der alle Botschaften von Dir in's Transdorfer Forsthaus trug?"

„Juliane," begann der Oberamtsgerichtsadvocat, als die Frau geendet, und wendete sich vom Fenster ab, während ein Anflug von Herzlichkeit den Ernst aus seinen Zügen verscheuchte, „Du sprichst und hoffst als Mutter, und ich finde dies sehr natürlich; auch bin ich, ohne auf unsern Sohn eitel zu sein, ganz damit einverstanden, daß Hermann so gut wie die Andern in den besten Häusern der uns gleichstehenden Familien in weitem Umkreise nicht vergeblich als Freier anklopfen würde. — Aber dies Alles wird den Oberförster Prosser gewiß nicht bewegen, dem Sohne eines Mannes so leichten Kaufes sein Kind als Gattin zu geben, der ihn, obgleich zum Wohle des Landes, so tief verletzt. — Du kennst diese eingefleischten Jäger nicht und weißt nicht, mit welch' ganz andern Augen sie eine heilsame Maßregel beurtheilen, die sie als eine Verletzung ihrer Rechte betrachten; ein solcher ist auch der Oberförster, und daher sein langjähriger Groll. Wohl aber mußte er sich der eigenen Sicherheit wegen bereit finden lassen, uns gegen den gemeinsamen Feind schützen zu helfen, der jeden Tag wie eine Lawine vernichtend hereinbrechen kann. — Dort kommt der Amtsschultheiß Daniels," fuhr der Sprecher nach einer kleinen Pause fort, „er scheint es eilig zu haben, und gewiß ist es nichts Erfreuliches, was er bringt."

Die Mutter seufzte bei diesen Worten ihres Eheherrn tief auf und ging dem Ankommenden entgegen, der nach kurzem Gruße sich an den Oberamtsgerichtsadvocaten wendete und diesem die Hand drückend begann: „Nun alter Freund, in Frankreich sind sie zwar mit der Schreckensherrschaft zu Ende, um einer Soldatenwirthschaft Platz zu machen; hier aber scheint man das Schreckenssystem fortzusetzen, denn soeben erhalte ich aus Cöln folgende Bekanntmachung des französischen Obergenerals, die dieser erlassen, ehe er noch unser Land betreten."

„Und was verlangt denn der allgewaltige Jourdan?" fragte gespannt Stücker.

„800,000 Livre Contribution, 10,000 Centner Weizen und eben so viel Roggen, Hafer und Gerste," fuhr Daniels fort; „600 Pferde zum Vorspann für die Artillerie, 1000 Stück Pantalons, Tücher, Mützen, Schuhe, Matratzen und Hemden, und so in gleicher Weise Oel, Reis, Honig und Zucker, und das Alles soll unser armes bergisches Land diesen fremden Eindringlingen schaffen. — Darum bringt vor Allem in Sicherheit, was Euch das Werthvollste und Kostbarste ist, behelft Euch mit Wenigem, aber nur aus den Augen dieser Kerle geschafft, was nicht niet= und nagelfest ist, denn sowie Obergeneral Jourdan mit der Maas= und Sambre=Armee in Wasgau eingebrochen, so nähert sich jetzt General Lefebvre mit der Avantgarde von Düsseldorf her. Aber auch der österreichische General Clairfait rückt näher und zu wiederholten Malen hat er dieses Lumpengesindel, das aus Frankreich jetzt zu uns herüberströmt, total geschlagen."

„Du lieber Himmel, was werden wir noch Alles erleben müssen!" rief laut aufseufzend die Gattin des Oberamtsgerichtsadvocaten und verließ das Zimmer, um den treuen Freund des Hauses nicht unbewirthet fortgehen zu lassen.

„Diese Nachricht trifft mich nicht unerwartet," entgegnete Stücker trüben Blickes, „und obgleich es mir an Muth nicht fehlt, so bangt mir doch für die nächste Zukunft, da wir die Ersten sind, welche die Schrecknisse eines Krieges in diesen Landen empfinden werden, der bald genug ganz Europa entzünden wird."

„Nun, gegen freche Streifpartien werden wir uns wohl schützen können," meinte Daniels, „denn überall regt sich der Muth zum Kampfe gegen diese fränkischen Horden, und Dein wackerer Sohn Ferdinand, der, wie so viele von unseren jungen Leuten, bei dem Ausbruche der französischen Revolution in den mordsüchtigen Jacobinern nur Ideale der edelsten Helden sah, hat nach den Greuelthaten jener Blutgierigen bald eingesehen, was von solchem Abschaum der Menschheit zu erwarten, wirbt jetzt unablässig und hat schon gegen fünfhundert tüchtige Streiter gesammelt, die, mit dem Landvolke vereinigt, welches zur Verstärkung eines Landsturmes aufgeboten, den ersten Angriff eines frechen Haufens wohl aushalten werden."

„Mein Sohn, der ein tüchtiger Jurist geworden," sprach mit Kopfschütteln der Oberamtsgerichtsadvocat, „scheint leider jetzt mehr Gefallen am wilden Kriegshandwerk zu finden, als am ernsten trockenen Jus, und obgleich ich ihm deshalb bitter gezürnt, so kann ich jetzt doch nicht streng darüber richten. Vielleicht ist er von dem unerforschlichen Willen eines höheren Geschicks ausersehen, auf solch' einem Wege schnell zu hohem Glücke zu gelangen, oder auch bald als Opfer seines Strebens zu fallen, wie diese blutigen Wirren es von Tausenden verlangen werden, da Deutschlands Machthaber zu unserem Unheil unter sich uneinig sind und des deutschen Reiches Gewalt nur noch ein Schattenbild ist."

„Nun Freund, wird es hier herum zu unsicher," rief der Amtsschultheiß und reichte dem Advocaten die Hand, „so kommt zu mir auf Schloß Bensberg! Als kurfürstliches Besitzthum hoffe ich, daß man es etwas mehr respectiren werde, und da wir unsere kleine Besatzung behalten, die allerdings nur aus Invaliden besteht, so scheint es, als solle es als neutrales Gebiet betrachtet werden."

Hierauf nahm Daniels aus den Händen der wieder eintretenden Hausfrau das mit Wein gefüllte Glas, trank es aus und rief, zu Hut und Stock greifend: „Ich weiß Eure Küche recht wohl zu schätzen, Frau Gevatterin, aber heute muß ich jeden Imbiß ablehnen und mich beeilen, daß ich wieder nach Hause komme. Wenn Euer Hermann kommt, so bittet ihn, daß er mir bei den Lieferungen etwas mit zur Hand gehe, auch liegt schon ein sehr ansehnlicher Vorrath von Getreide auf Bensberg, den ich für Tage der Noth in Sicherheit gebracht wissen möchte, wenn nirgends mehr etwas zu finden."

Nach diesen Worten eilte er fort, und die beiden Ehegatten waren wieder allein.

„Ich hörte während Eures Gesprächs unsern Ferdinand nennen," fragte mit ängstlicher Besorgniß die Gattin Stückers; „was hatte denn der Schultheiß über ihn zu sagen?" —

„Er lobt den Eifer, mit welchem derselbe den Landsturm organisirt, und das eben ist es, was ihn vor allen Anderen der Wuth der fränkischen Heerführer Preis geben wird, wenn nicht eine höhere Macht ihn wunderbar schützt," entgegnete der Vater.

„Na, daß der nicht hinter dem Aktentische ruhig sitzen bleiben würde, das habe ich mir im voraus gedacht, denn er war ja schon als Junge mit Leib und Seele Soldat," sprach die Mutter seufzend. „Aber," setzte sie bald darauf mit einem wohlgefälligen Lächeln hinzu, „das muß man ihm lassen, er hat es durch sein energisches Handeln doch schon zu einem gewaltigen Ansehen im bergischen Lande gebracht und, seit er den Aufruhr der Hüttenarbeiter unterdrückt, durch nichts, als durch seinen moralischen Einfluß, sich überall Vertrauen und Achtung erworben."

„Wenn ihm daraus nicht Unheil erwächst, will ich gern vergessen, daß er meinen Lieblingsplan mir vernichtet und ein Fremder einst die schöne Praxis erhält, die ich ihm übergeben wollte," entgegnete der Oberamtsgerichtsadvocat und reichte der Gattin fast wehmüthig die Hand. „Möge der Himmel uns Alle schützen und fest zusammenhalten lassen in trüben Tagen, die nicht lange mehr fern bleiben werden."

„Das walte Gott!" fügte die Gattin bei, die Hände wie zum Gebet faltend, und wendete sich jetzt nach der Thüre, vor welcher das freudige Gebell eines Hundes laut wurde. „Da ist der Hermann in der Nähe," rief sie und eilte einem schönen, hochaufgeschossenen, blonden jungen Manne entgegen, der achtundzwanzig Jahre alt, obgleich schlank, doch eine kräftige Gestalt war, und dessen Antlitz frisch und gesund, von unverdorbener Jugendkraft zeugte. Jetzt aber warf er halb verdrießlich die Mütze auf einen Stuhl und rief, zu den Eltern sich wendend, aus: „Der Gang war vergebens!"

„Also abgewiesen?" fragte der Vater, dem Sohne fest in's Auge schauend.

„Nun, wenn der Herr Oberförster dies auch nicht in bestimmten Worten ausgesprochen, so kann man es doch dafür annehmen," entgegnete der Sohn verstimmt.

„Und Ulrike, wie fandest Du sie? War sie zugegen, als Du die Bitte um ihre Hand an den Vater richtetest?" fragte drängend die Mutter.

„Ich fand Ulriken mit ihrer Tante in der Nähe des Forsthauses, da ich sie hatte wissen lassen, um welche Zeit ich kommen würde," begann der Sohn erzählend. „Sie kam mir herzlich und ermuthigend entgegen und theilte mir mit, daß sie gestern Abend schon mit ihrem Vater, der sie wie seinen Augapfel hüte, meiner Bewerbung wegen eine ernste Unterredung gehabt, bei welcher auch die Tante sich auf das Wärmste für mich verwendet, aber von dem Alten keine bestimmte Erklärung erlangt habe. Als ich nun heute kam und um seine Einwilligung zu unserem Herzensbunde bat, entgegnete er mir mürrisch, daß jetzt, wo jeden Tag der Krieg losbrechen könnte, keine Zeit sei, an's Freien und Hochzeithalten zu denken, und daß erst der Himmel wieder heiterer über dem bergischen Lande werden müsse, ehe er davon weiter hören wolle. Was unsere Familie beträfe, so verstehe es sich von selbst, daß eine nähere Verbindung mit uns seinem Hause nur zur Ehre gereichen könne, und der Oberförster setzte hier nicht ohne ein spöttisches Lächeln hinzu: Der Herr Oberamtsgerichtsadvocat stehe ja sogar bei

Hofe in so gewaltigem Ansehen, daß selbst Sr. Excellenz der Oberlandjägermeister sich hätte Dem fügen müssen, was er von Sr. Kurfürstlichen Gnaden verlangt."

„Aha," lächelte Stücker, „dachte ich es doch, daß der alte Groll noch nicht überwunden! Aber in etwas muß ich dem Oberförster Recht geben: die jetzige Zeit ist eben nicht zum Freien geeignet, und es wird gar bald auch für Dich ernster zu thun geben. Darum beruhige Dich, Hermann, der Bescheid ist so ungünstig nicht, als ich befürchtet."

„Oh, was mich betrifft, so habe ich keine Sorge, daß ich und Ulrike nicht zum Ziele gelangen werden," entgegnete wieder neu ermuthigt der Sohn. „Wir haben uns heute wiederholt gelobt, nicht von einander zu lassen in Glück und Noth, und werden fest zusammenhalten, wie es auch komme."

„Und hast Du von Ferdinand nichts vernommen, der nun schon seit mehreren Tagen nicht in seine Wohnung zurückgekehrt?" fragte voll ängstlicher Besorgniß die Mutter.

„Ich traf ihn, und er hat mir aufgetragen, Euch herzlich zu grüßen; es ginge Alles nach Wunsch, und morgen vielleicht würde er wieder in Bensheim eintreffen."

„Und wo?" fragte gespannt der Vater.

„Drei Stunden von hier auf der Königswiese, im Frankenforste," entgegnete Hermann. „Dort übt er mit einem Rittmeister von den Barko=Husaren eine Schaar Waldarbeiter im Schießen nach der Scheibe."

„Barko=Husaren?" rief freudig überrascht der Oberamtsgerichtsadvocat, „dann ist die österreichische Armee im Anzuge?"

„Es ist ein Regiment Husaren in Siegburg und Honnef eingerückt und auch nach Bensberg wird ein Detachement zu liegen kommen, während in Mühlheim Infanterie erwartet wird," entgegnete Hermann und wendete sich zum Fortgehen.

„Ach, lieber Himmel, Du willst auch schon wieder fort?" fragte die Mutter bangend.

„Wenn ich Euch hier etwas helfen kann, so will ich wohl noch bleiben," sprach Hermann, „aber sonst möchte ich mich beeilen, daß ich nach Hause komme, da man das Stadtgut gewiß nicht ohne Einquartierung lassen wird und es noch so manches zu ordnen und zu verbergen giebt, wo man selbst dabei sein muß."

„So gehe mit Gott, mein Sohn" sagte der Vater, dem Scheidenden die Hand reichend; „wir werden hier ebenfalls unsere Maaßregeln treffen. Sprich in Bensberg beim Amtsschultheiß noch einmal vor, wenn Dir Zeit bleibt, denn er wird Deiner auch bedürfen."

„Und begieb Dich nicht voreilig in Gefahr," warnte die Mutter, den Sohn bis vor die Thüre begleitend, und ging dann still in die Küche, wo sie unbemerkt von dem Gatten in einem Thränenguß Linderung der inneren Angst fand, mit welcher die Sorge um die Ihrigen und um Hab' und Gut das Herz ihr erschwerte.

Die Bewohner der kleinen schutzlosen Orte des bergischen Landes verlebten zu Anfang des Monats September des Jahres 1795 qualvolle Tage der Unruhe und Besorgniß, ehe noch die ersten Cohorten der französischen Armee diese Gegenden betraten. Immer trüber wurden die Aussichten auf die nächste Zukunft, immer schreckenvoller die Nachrichten von den verübten Greuelthaten der unter dem Obergeneral Jourdan sich nahenden Maas= und Sambrearmee. Ueberall war man beschäftigt, das Werthvollste des beweg=

lichen Eigenthums vor der Plünderungswuth der Sansculotten zu verbergen; überall in den Städten und Dörfern und in den stillen Thälern der Wiehl, der Sieg und der Acher bildeten sich bewegliche Colonnen unter Anführung des ältesten Sohnes des Oberamtsgerichtsadvocaten Stücker, des Vikars zu Offermannshaide Peter Ammerborn, des Seminaristen Heckerrath und des Notar Hank.

Schwer lagen diese trüben Tage auch auf dem Herzen der Gattin Stückers, die vorzüglich um ihren Sohn Ferdinand in steter Angst lebte, dessen Feuereifer für das Wohl seines Vaterlandes ihn oft in Lebensgefahr brachte, und welcher später unter dem Namen „der bergische Held" allgemein bekannt wurde. — Aber auch um Hermann, den sie gern recht bald als glücklichen Gatten an Ulrikens Seite gesehen hätte, und den nicht nur das unruhige Treiben der nun folgenden Tage auf seinem Gute in Mühlheim festhielt, sondern dessen Verbindung mit der ihr so lieben Tochter des Oberförsters sie auch in unbestimmte Ferne hinausgeschoben sah, sorgte sich das treue Mutterherz, sowie um ihren dritten Sohn Anton, der, bereits ein geachteter Arzt zu Wipperfurth, nur selten im elterlichen Hause einsprechen konnte und ebenfalls noch nicht verheirathet war.

Ihr Eheherr war ein wegen strenger Rechtlichkeit und biederen deutschen Charakters allgemein geachteter Mann, der sich um die Landwirthe der Umgegend besonderes Verdienst erworben hatte und dafür stets dankbar genannt wurde. Denn während mehrere Jahre hindurch viele Dorfschaften vergeblich Bitten und Beschwerden bei der Regierung wegen des für die Fluren und Felder des bergischen Landes so verderblich überhandnehmenden Wildstandes im Königs= und Frankenforste eingereicht hatten, war Stücker direct nach München gereist und hatte dem Kurfürsten Otto Theodor so ernste Vorstellungen hierüber gemacht, daß er im Jahre 1789 einen Befehl erlangte, demzufolge zwischen Idelsfeld und Troisdorf 6000 Stück Hirsche weggeschossen werden mußten. — Die Regierung dieses Kurfürsten war keine gute zu nennen, denn Pfaffen, Maitressen und deren Günstlinge wirkten corrumpirend in die Staats= und Regierungsgeschäfte ein, Aemter und Stellen waren käuflich, Karl Theodors Eitelkeit und Sinnenlust kostete ungeheure Summen, und das Staatsvermögen wurde für die Erhebung und Bereicherung seiner zahlreichen unehelichen Kinder auf das Gewissenloseste vergeudet. — Um so überraschender war daher, daß der ernste schlichte Oberamts= gerichtsadvocat am kurfürstlichen Hofe zu München jenen Befehl erwirkt, den zu verhindern der Oberlandjägermeister und dessen Anhang Alles aufgeboten hatten. Die Bauern segneten den wackeren Mann, die Jäger aber waren wüthend darüber und ließen später zu wiederholten Malen ihren Groll an den Gliedern der Familie Stücker aus, sowie auch sein alter jahrelanger Freund, der Oberförster Prosser in Trausdorf ihm darob gram wurde und ihm viele Jahre hindurch grollte, obgleich während dieser Feindschaft zwischen Stückers Sohn und des Oberförsters Tochter ein Liebes= verhältniß entstanden, welchem der Letztere nur deshalb nicht sofort entschieden entgegentrat, weil er seine Tochter über Alles liebte, und die Thränen derselben ihn oft Haß und Groll gegen den alten Oberamtsgerichtsadvocaten ver= gessen ließen. Ueberdies vermochte auch seine Schwester, die nach der Oberförsterin Tode die Wirthschaft des Bruders führte, sehr viel über ihn und war die Schützerin dieses Liebesbundes. Aber so viel hatte der alte Herr den Verbündeten gegenüber doch sich vorbehalten, daß er bei der ersten Bewerbung des jungen Stücker, den er als einen tüchtigen Oekonom sehr hoch schätzte, nicht gleich „ja" sagte, und die Liebenden sich noch längere Zeit in Geduld üben mußten.

Unweit Weyerhoff liegt das stattliche, einem Städtchen ähnliche Dorf Bensberg, so genannt von dem prachtvollen Schlosse, welches der Kurfürst Johann Wilhelm von der Pfalz im Jahre 1705 auf einem Gebirgsvorsprunge erbaut hat. Am Fuße desselben liegt das Dorf, über welchem früher schon sich die Hofburg der Grafen von Berg erhoben und bereits in der Römerzeit Kaiser Valentian ein Kastell errichtet hatte. Jetzt ist dasselbe mit seinen 256 Zimmern zu einer Kadettenanstalt umgewandelt worden, im Jahre 1795 aber diente es dem Amtsschultheißen nebst mehreren Beamten und einer kleinen pfälzischen Invalidenabtheilung zur Wohnung und war oft das Hauptquartier derjenigen Befehlshaber, deren Truppen bei Ausbruch der Feindseligkeiten in und um Bensberg lagerten.

Jubelnd hatten die Bewohner Bensbergs und der nahe gelegenen Ortschaften die Husaren des österreichischen Regimentes Barko empfangen, von welchen eine starke Abtheilung am 5. September in Bensberg und Weyerhoff Quartier nahm und deren Befehlshaber seine Wohnung im Schlosse bezog; eifriger betrieben die Anführer des Landsturmes dessen Waffenübungen, denn immer näher kam die Gefahr, und schon am 6. September 1795 hatte der französische Obergeneral Jourdan unter dem feindlichen Feuer den kühnen Rheinübergang bei Düsseldorf vollbracht, obgleich er, von

Pichegrü nicht unterstützt, bald darauf dem österreichischen General Clairfait weichen mußte.

Aber schon am 8. September brachen diese befreundeten Truppen wieder auf, verließen eilig die Gegend, und statt ihrer rückten am 10. September die ersten Franzosen in Bensberg ein, ein Gemisch von allen Truppengattungen, welche sofort vom Ortsvorstande eine Contribution von 150 Louisd'or verlangten, und als diese nicht geschafft werden konnte, mehrere der angesehensten Einwohner auf's Schloß schleppten, wo der kommandirende Officier sich zuletzt mit 36 Kronenthaler begnügte, die Soldaten aber ungestraft im Orte plündern ließ und Tags darauf wieder abzog, um neuen Zuzügen Platz zu machen. Doch sollte dies nur das Vorspiel eines langen, blutigen Dramas sein, und die Anführer des organisirten Landsturmes, welche sich glühend darnach sehnten, diese Streifcorps zurückzutreiben, mußten jetzt so geheim als möglich ihre Verbindung fortsetzen, denn in Mühlheim war General Lefebvre mit der Avantgarde der Maas- und Sambrearmee eingetroffen, welcher das Gros der Armee folgte.

Den Vorstellungen des Amtsschultheißen nachgebend, hatte der Oberamtsgerichtsadvocat mit seiner Gattin in einem von dem bunt- und wildbewegten Treiben des täglichen Verkehrs abgelegenen Theile des Schlosses eine Wohnung bezogen, sein Haus in Weyerhoff einem alten als treu erprobten Gärtner zur Beaufsichtigung überlassen und gleich den übrigen Bewohnern der Gegend alles Werthvolle sicher verborgen. Sein Sohn Ferdinand, obgleich selten daheim, blieb in seinem Hause in Bensberg wohnen, der Oekonom auf seinem Gute in Mühlheim und der Oberförster in

seinem wohlverwahrten und abgelegenen Forsthause zu
Trausdorf, in welchem, wie er sich zum Troste sagte, außer
sechs Jägerburschen ein zahlreiches, zur Oekonomie der
Oberförsterei gehöriges Gesinde wohnte und unweit derselben eine Kolonie Waldarbeiter bald zur Hilfe herbeieilen
konnte, sobald Gefahr nahte, von einem der vielen im Lande
herumstreifenden Marodeurhaufen überfallen zu werden.

In Mühlheim selbst hielt General Lefebvre strenge
Mannszucht, aber wie überall mußten auch dort die Einwohner hohe Tafelgelder für die Officiere und bedeutende Naturallieferungen für die Soldaten schaffen. Anders
ging es in Bensberg und anderen Dörfern. Dort war der
Befehlshaber einer Schwadron blauer Husaren unersättlich
in seinen Forderungen, und als diese nicht erfüllt werden
konnten, erfolgten Mißhandlungen und rohe Plünderung,
so daß nur das Flehen seiner Eltern und des Amtsschultheißen den jungen, eben in Bensberg anwesenden Stücker
abhielt, Gewalt gegen Gewalt zu gebrauchen. Als aber
die ärgsten Frevel der zügellosen Soldateska sich täglich wiederholten, ging auf Bitten der Gemeindemitglieder Ferdinand Stücker und der Notar Hank nach Mühlheim, um
dort vom General Lefebvre eine Schutzwache zu erwirken.
Die Gefahr nicht scheuend, traten sie Nachts ihren Weg
an, wurden aber unterwegs wiederholt angehalten und unter
den Augen der Officiere ausgeplündert und sogar der Klei-
dungsstücke beraubt, so daß sie, um sich nur melden zu
können, beim Postmeister in Mühlheim erst Oberröcke leihen
mußten. Lefebvre hörte ihre Klagen über die Schandthaten
der französischen Soldaten ruhig mit an, welche Stücker
ihm in flammendem Zorne schilderte, ließ sich vier Carolin

Douceur zahlen und gab den Abgesandten zwei Husaren mit, die dort auf das Schwelgerischste bewirthet zu werden verlangten und zuletzt selbst den ganzen Ort plündern halfen. Darüber gerieth Stücker in Wuth und kam mit denselben in Streit, worauf er als Gefangener nach Deutz in's Hauptquartier geschleppt wurde.

Voll stummen Ingrimms mußten die Verbündeten dieses nichtswürdige Verfahren erdulden, und obwohl in den unzugänglichen Waldschluchten des Frankenforstes die Anzahl der Streiter mit jedem Tage stieg und nur auf ein Zeichen der Anführer wartete, um sich auf ihre Peiniger zu stürzen so mußten sie doch sich ruhig verhalten, so lange Lefebvre noch in Mühlheim lag und die Brutalität und Raubgier der Dragoner- und Husarenabtheilung ungestraft über sich ergehen lassen, welche beordert wurden, die Lieferungen der Naturalien für die Armee einzutreiben, die man so hoch ausgeschrieben hatte, daß nicht die Hälfte davon zu schaffen möglich war.

So war der September vergangen, und immer rücksichtsloser wurde die Herbeischaffung der noch zu liefernden Lebensmittel betrieben, von welchen wieder aus den umliegenden Dörfern das Letzte, was noch zu finden gewesen, durch die von Dragonern eskortirten Landleute in das Magazin zu Bensberg abgeliefert worden war, und finsteren Blickes saß an einem trüben Octobertage der Amtsschultheiß Daniels mit dem Gerichtsschreiber und Ortsvorsteher in dem großen Sessionszimmer des Schlosses, in dessen Flügel sich die amtlichen Bureaux befanden. Ihnen gegenüber hatte ein Husarenrittmeister nebst einem Dragonerlieutenant Platz genommen, während die Bauern aus den umliegenden Dörfern, welche Getreide, Fleisch und Wein hatten vorbeifahren müssen, einen Halbkreis um die an der Tafel Sitzenden bildeten und Wachen die Thüren des Zimmers besetzt hielten.

„Meine Herren," begann jetzt der Amtsschultheiß mit ernster und fester Stimme, indem er sich an die Officiere wendete und auf die versammelten Bauern wies, „Sie haben gehört, daß unsere arme Landschaft nichts mehr auftreiben kann. Ich bitte daher, verschonen Sie uns mit noch ärgerer Quälerei als bisher, wir können nicht mehr liefern, wenn wir nicht selbst Hunger leiden sollen."

„Die Ordre lautet für hiesige Gegend auf 1000 Centner Waizen, 2000 Centner Hafer, 400 Centner Gerste und so fort, von Allem dem ist noch nicht die Hälfte da," entgegnete barsch der Rittmeister und schlug mit der geballten Faust auf ein vor ihm liegendes Schreiben. „Darum hilft kein Zögern, Ihr müßt es schaffen, und sofort soll verladen werden, was bis jetzt hier eingebracht. Das Fehlende wird schon zum Vorschein kommen, wenn wir Euch den rothen Hahn auf's Dach setzen. Oder," fügte er höhnend hinzu, „wollt Ihr uns leugnen, daß noch Vorräthe genug vorhanden, die Ihr für die Oesterreicher aufbewahrt, von denen Ihr, thöricht genug, mehr Schonung hofft, als von uns? Dann müßtet Ihr keine Verräther unter Euch haben, die uns schon suchen helfen sollen, wo noch zu finden, was wir verlangen!" Und höhnisch auflachend verließ er mit dem Dragonerofficier und den Wachen das Zimmer.

Der Amtsschultheiß aber rief in wildaufbrausendem Zorn: „Nichts sollen diese Buben bekommen, nicht einen Centner!" Darauf wendete er sich zu den Bauern und sprach: „Ihr habt gehört, was wir alle von diesen Freiheitshelden zu erwarten haben; wollt Ihr genau befolgen, was ich Euch jetzt befehlen werde, so schafft Ihr Euch für diesmal dies Gesindel vom Halse."

„Wir wagen Alles daran," entgegneten die schon längst gegen ihre Peiniger mit Haß erfüllten Bauern.

„Nun denn so hört," fuhr der Amtsschultheiß fort; „die kaiserliche Armee ist im Anzuge, darum drängen diese Commandos so hastig auf Verladung der Vorräthe. Sucht Ihr aber jetzt beim Aufladen des Getreides so viel als möglich durch Ungeschick und Streit zu zaudern, so hoffe ich zu retten, was hier liegt, und die Franzosen vertrieben zu sehen. Denn eine starke Abtheilung unseres Landsturms steht wohlbewaffnet bereit, auf das erste Zeichen herbeizueilen, und wie ich genau weiß, verläßt morgen auch das unter Lefebvre stehende Truppencorps unsere Gegend, denen diese Commandos mit dem Proviant folgen sollen. Also gezaudert, so viel als möglich!"

„Das soll nicht schwer halten!" riefen einstimmig die Bauern und begaben sich nach den nahe bei dem Schlosse befindlichen Magazinen, vor denen Wagen an Wagen standen, um den Transport zu bewirken. Husaren und Dragoner hielten mit gezogenen Säbeln dabei, aber so heftig auch die Wachen drängten, man kam nicht zum Fortschaffen, denn was die Einen aufluden, warfen die Andern herunter, neue Säcke bekamen plötzlich Löcher, aus welchen das Getreide herauslief, die Wagen fuhren einander in die Räder, daß die Deichseln brachen, Pferde, denen man Zunder in die Ohren gelegt, stürzten rasend mit den Karren davon, und endlich entstand unter sämmtlichen Fuhrleuten eine allgemeine Rauferei.

Vergebens fluchte und wüthete der Rittmeister; die Dragoner und Husaren, welche den Tag zuvor rücksichtslos drauf losgeschlagen haben würden, sahen dem tollen Gewirr verlegen zu, denn immer drohender wurde die Haltung der neugierig herzuströmenden Volksmenge, und überall ragten aus den dichten Haufen derselben Sensen, Heugabeln und Dreschflegel hervor. „Haut die Hunde nieder, wenn sie noch länger zögern!" schrie der Rittmeister und sprengte rücksichtslos in einen dichten Trupp der sich Streitenden; ein Schrei des Schreckens, von Verwünschungen begleitet, ertönte, denn einer der Bauern war durch das Pferd zu Boden geworfen worden. Aber zu gleicher Zeit sah sich auch der Rittmeister von bewaffneten Männern umringt, die ihm in die Zügel fielen und ihn vom Pferde herabrissen, während ein lautes Hurrahgeschrei erfolgte und eine starke Schaar Bewaffneter den Berg heraufstürmte. Bald hatte man sich auch der Dragonerlieutenants bemächtigt: die Reiter, als sie ihre Officiere gefangen genommen sahen, ergriffen die Flucht, wurden aber von dem nachfolgenden Landsturm verfolgt, und nur einer der Husaren erreichte Mühlheim, von wo aus von den noch vorhandenen Truppen 1200 Mann, Fußvolk und Reiterei, sofort gegen den Landsturm ausgesendet wurden.

Unterdeß ertönten die Sturmglocken von Dorf zu Dorf, von allen Seiten strömten bewaffnete Volkshaufen nach Bensberg, und bald standen unter Anführung Ammerborn's und Heckerrath's gegen 2000 Streiter versammelt, denen gegen Nachmittag vier Uhr desselben Tages der Pastor

Körner die Absolution im feierlichen Hochamte ertheilte, und die nun dem anrückenden Feinde entgegenzogen. Der Kampf begann von einem Gehölz aus, in welchem der Landsturm festen Fuß gefaßt, und wohl trafen die Kugeln der hinter den Bäumen postirten Jäger und Wildschützen, die hier mit einander gemeinsam kämpften, sicher ihr Ziel, während die Kugeln der Franzosen größtentheils von den Bäumen abprallten, und wohl hätte der Feind mit schwerem Verlust sich zurückziehen müssen, wenn es zum offenen Kampfe gekommen wäre; allein die Anführer hatten vergessen, die Flanken zu decken, und zum Unheil der Gegend sahen sich die Bewaffneten plötzlich umgangen und von dem französischen Fußvolke im Rücken bedroht. Panischer Schrecken ergriff die des Kampfes noch Ungewohnten; ein Haufen riß den andern mit in die Flucht, und bald zogen die Franzosen als Sieger racheschnaubend in Bensberg ein.

Furchtbar empfanden die von streitbaren Männern entblößten Ortschaften, welche nebst den Anführern sich in die Wälder geflüchtet, die Rache der nun zügellos hausenden Soldateska, und nur dem wahrhaft edlen, menschenfreundlichen Charakter des Befehlshabers dieser Truppen, des Obersten Richepanse, verdankte Bensberg die Abwendung der völligen Vernichtung, da er auf Bitten des Schloßhauptmanns von Negler, sowie auf die Betheuerung der Tochter des Schloßinspektors Moreau, welche zum Glück eine Verwandte des Obergenerals Moreau war, daß kein Bewohner Bensbergs an dem Ueberfall der Dragoner und Husaren Theil genommen, die bereits schon angeordnete Niederbrennung des Dorfes verhinderte, und nachdem er einer größeren österreichischen Heeresabtheilung, welche ihren

Marsch bald weiter fortsetzte, auf einige Tage gewichen, mit 800 Mann Fußvolk und 400 Reitern ein befestigtes Lager hinter dem Schloßberg bezog, selbst aber sein Quartier in Bensberg wählte und in das Haus des inzwischen wieder aus dem Hauptquartier zu Deutz entlassenen Ferdinand Stücker zog.

Dieser, der in Folge erlittener Mißhandlungen und Gefangenschaft mit noch weit tieferem Haß gegen die Franzosen zurückgekehrt war und zu den sich Oberst Richepanse wunderbar hingezogen fühlte, verbarg dem feindlichen Heerführer seinen Groll nicht und sprach ungescheut aus, daß er Gut und Leben an die Befreiung seines Vaterlandes zu setzen entschlossen sei. Als ihm Richepanse eine Stelle als Officier in der französischen Armee anbot, erklärte er demselben offen, daß er nur gegen, nie mit Frankreich kämpfen würde. Richepanse wurde nach diesen offenen Erklärungen ernster in seinem Verhalten und warnte den liebgewonnenen Feuerkopf vor jeder Betheiligung an meuterischen Unternehmungen. Dieser aber verließ unter dem Vorwande der Jagd oft Tage lang sein Haus und durchstreifte die einsamen Thäler der Sülz und Agger, um mit den überall im Verborgenen sich haltenden Häuptern des Aufstandes von Neuem sich zu besprechen. Immer kühner wurden Stücker's Streifzüge, als das österreichische Regiment Barko-Husaren mit dem münsterschen Contingent am 13. November in das Oberbergische einrückte, und der ihm von früher her schon befreundete Rittmeister von Geysar die Vorwacht bei Marienberghausen bezog.

In den Vormittagsstunden des 16. November herrschte ein lebhafter Verkehr im Quartier des Obersten Richepanse.

Officiere der Lagertruppen wurden beschieden und entfernten sich wieder, Ordonnanzen eilten ab und zu und Dragoner ritten mit versiegelten Ordres in entfernter liegende Garnisonen. Die Nähe der österreichischen Avantgarde, welche das bei Bensdorf vortheilhaft postirte Corps in wenigen Tagen erreichen sollte, mahnte den Commandanten desselben zur Vorsicht, mehr aber noch beunruhigte ihn das geheimnißvolle Treiben der Verbündeten im bergischen Lande, bei welchem Stücker, von dem er so gern jede Gefahr fern gehalten hätte, eine so bedeutende Rolle spielte. Der Vater desselben, welchen der Oberst zu sich beschieden, trat jetzt angemeldet in's Zimmer und nahm nach einer stummen Verbeugung nach einer freundlichen Einladung des feindlichen Heerführers ernsten Blickes auf einem Sopha neben demselben Platz.

„Herr Oberamtsgerichtsadvocat," begann Richepanse ernst aber vertraulich, „Sie finden mich in sehr trüber Stimmung und in nicht geringer Aufregung, an welcher leider Ihr Herr Sohn, der Advocat und Bauerngeneral, wie man ihn bereits im französischen Hauptquartier nennt, nicht geringe Schuld trägt."

„Mein Ferdinand?" entgegnete beunruhigend der Vater. „Er war ja lange Zeit Gefangener und ist erst seit wenig Tagen wieder frei," führte der Oberamtsgerichtsadvocat zu des Sohnes Entschuldigung an.

„O, das hindert diesen tollen Schwärmer nicht, sich an die Spitze einer Verschwörung zu stellen, die ihm das Leben kosten kann!" fuhr Richepanse fort, „und die Rädelsführer haben wohlweißlich gewartet, bis die leichte österreichische Reiterei der Avantgarde Clairfaits wieder in der Nähe war, mit welcher wir uns nun schon seit sechs Wochen erfolglos hier herumschlagen. So weit ich den Angaben zuverläſſiger Kundschafter vertrauen darf, haben wir vielleicht schon morgen den Ausbruch dieser Verschwörung zu erwarten und da ich Ihren Sohn, den ich vom erſten Augenblick an, auf eine mir ſelbſt unerklärliche Weiſe, liebgewonnen, gern ſchonen möchte, ſoweit Ehre und Pflicht mir dies geſtatten, ſo bitte ich Sie, als Vater all' Ihren Einfluß aufzubieten, um Ferdinand von einem Gewaltſtreiche abzuhalten, ſo lange ich hier noch commandire. Glaubt Ihr Sohn," ſprach der Oberſt tief bewegt weiter, „auf dem Wege, den er gewählt, ſein Vaterland zu befreien, — ich zweifle daran — aber ſo mag er ſeinem inneren Drange folgen. Nur ich möchte nicht zu Gericht ſitzen über ihn, nur ich möchte nicht ihn der Wuth meiner Soldaten Preis gegeben ſehen. Gewiß wird es Ihnen möglich ſein, zu erfahren, wo er weilt, ſenden Sie Boten nach ihm zu einer dringlichen Beſprechung; iſt er erſt hier, dann will ich ihn ſchon hindern, morgen und übermorgen ſein Haus zu verlaſſen, denn die verblendete Menge geht einem Blutbade entgegen und ſtatt eines Sieges der ſchmachvollſten Niederlage."

„Wie ſoll ich erfahren, wo mein Sohn weilt," rief mit angſterfülltem Herzen der Vater und ſtand vom Sopha auf, welches der Oberſt ebenfalls verließ. „Mein Wille iſt es nicht, daß er dieſe gefahrvolle Bahn verfolgt, und mein Wort zu ſchwach, um ihn von ſeinen Beſtrebungen abzuhalten, denn er glaubt thöricht genug, zum Retter ſeines Vaterlandes berufen zu ſein.".

„Oh, ich ehre dieſes todesmuthige Opfern für das

Vaterland!" rief tiefergriffen Richepanse, „und eben dies ist es, was mich an diesen Tollkopf fesselt; aber hier ist es Verblendung und führt zum Verderben."

„Nun denn, ich will sehen, ob meine Boten ihn finden werden," sagte der Oberamtsgerichtsadvocat und fügte gerührt hinzu: „Nehmen Sie meinen innigen Dank für diese wahrhaft edle Rücksicht und Theilnahme, die Sie für meinen Sohn und uns an den Tag legen. Gebe der Himmel, daß ich ihn nicht vergeblich suchen lasse!"

„Möge des Vaters Warnung ihn nicht zu spät erreichen!" sprach der Oberst, als der alte Stücker ihn verlassen und er sich allein befand. „Mehr kann und darf ich nicht thun, aber freudiger werde ich dem Rufe zur Schlacht folgen, als länger hier noch in so peinlicher Ungewißheit verharren." Nach diesen Worten griff er nach einer auf dem Tische stehenden Klingel, und eine Ordonnanz trat in's Zimmer. „Major de Salius und Rittmeister Lajard" befahl der Oberst, und bald darauf traten diese Officiere ein, die bereits im Vorzimmer gewartet.

„Meine Herren," begann Richepanse und nahm nun einen leichteren Ton an, „Sie wissen, welche Nachrichten uns seit gestern geworden und wie es die höchste Zeit ist, diesen verblendeten Rebellen eine derbe Lection zu ertheilen. Daher müssen sich morgen früh von Tagesanbruch an 200 Mann Chasseurs und 400 Mann Grenadiere bereit halten, zu welchen eine Schwadron Husaren aus Mühlheim stoßen wird. Die Marschordre werden Sie heute Abend erhalten."

„Ich hätte nicht geglaubt," rief der Major spöttisch lächelnd, „daß wir hier so einen kleinen Vendée-Krieg durch machen sollten und statt mit Oesterreichern uns mit Bauern herumschlagen müssen!"

„Es wird wohl nur ein Treibjagen werden," fügte der Rittmeister lachend hinzu, „und uns guten Appetit zur Mittags= oder Abendtafel verschaffen."

„Das hoffe ich auch," sprach der Oberst auf den Scherz eingehend, und die Officiere verabschiedeten sich.

Die Nachrichten, welche Oberst Richepause über die Thätigkeit der Verbündeten und deren Pläne erhalten, waren nicht ungegründet, und schon am Abend des 17. November brannten die Lärmfeuer auf den Höhen diesseits und jenseits der oberen Acher, und durch die Stille der Nacht ertönten bis in die entferntesten Ortschaften die Sturmglocken, während von allen Seiten bewaffnete Schaaren aus ihren Schlupfwinkeln hervorbrachen und sich bei Much versammelten. Hier hielt ein begüterter Advocat der Düsseldorfer Hofkammer hoch vom Roß herab eine begeisternde Anrede an das Fußvolk, über welchem die Muchener Kirchenfahne mit dem Bilde des heiligen Martin schwebte, denn die Reiterei wurde unter Stücker's und Hank's Anführung noch erwartet. Und schon ertönte Hufschlag aus der Ferne und freudig wollte man der erwarteten Freischaar, bei welcher auch eine Abtheilung Barko=Husaren zur Verstärkung sich befinden sollte, entgegen eilen, als man mit Entsetzen in den um die Waldecke schwenkenden Reitern französische Schwadronen erkannte. Da wendete sich der Sprecher eiligst zur Flucht und seinem Beispiele folgend liefen die Schaaren auseinander und ent=

rannten den Verfolgern auf ihren bekannten Waldwegen; nur der Träger der Martinsfahne fiel in die Hände der Feinde und sollte gehenkt werden, entkam aber während der Vorrichtungen zur Erbauung des Galgens, von keiner der nachgesendeten Kugeln getroffen.

Nicht so glücklich war die indeß im Anmarsch befindliche Reiterei, welche aus einer Abtheilung Barko=Husaren unter Rittmeister Gewsar und fünfzig Berittenen unter Stücker's Anführung bestand, und die von Ruppichteroth anrückten, aber schon am Fuße des Handberges durch fliehende Landleute von dem so schmählich gescheiterten Unternehmen Nachricht erhielten und nun durch einen Hohlweg den Rückzug an= traten. Ehe sie dessen Ausweg erreicht, sahen sie sich von einer starken Reiterschaar und von 200 Mann Grenadieren umzingelt, gegen welche die kleine Schaar todeskühn ein Durchbrechen wagte, und glücklich hieben sich der Rittmeister nebst dessen Lieutenant und neun Husaren sowie mehrere der Stücker'schen Schaar durch, die übrigen aber wurden ge= tödtet oder gefangen. Stücker vertheidigte sich wie ein Rasender, und schon waren drei Chasseurs im Kampfe mit ihm gesunken, als Richepanse heransprengte und ihm zu= rief, sich zu ergeben.

„Ich will als Krieger sterben!" schrie Stücker, welcher schon aus mehreren Wunden blutete und auf den nun die über den Tod ihrer Kameraden erbitterten Franzosen, auf ihres Befehlshabers Abmahnen nicht mehr hörend, wüthend einhieben. Stücker von einem Hieb am Kopfe verwundet, wankte und sank vom Pferde. Da warf sich der edle Oberst auf den in seinem Blute Liegenden und ließ ihn von zwei zuverlässigen Elsässer Dragonern nach Bensberg bringen, wo den schwer Verwundeten die treue Schutzwache vor der Wuth der Carmagnolen schützen mußte, die den Tod des ihnen längst verhaßten Bauerngenerals verlangten.

Stücker lag an zwei lebensgefährlichen Kopfwunden darnieder, doch seine frische Jugendkraft, die treue Pflege der Mutter, welche sofort bei der Nachricht von des geliebten Sohnes Verwundung aus dem Schlosse herbeieilte sowie die Kunst seines Bruders, des Arztes retteten ihn, und da zwei Tage darauf die Franzosen den anrückenden Oesterreichern weichen mußten, so zog auch die treue Wache des Verwundeten ab, der langsam der Genesung entgegenging und für jetzt wieder gerettet war. Die Segenswünsche der Eltern Ferdinand's folgten dem edlen Obersten nach.

Wochen vergingen nun, ohne daß die Bewohner der bergischen Lande von den feindlichen Truppen von Neuem zu leiden hatten. Die Oesterreicher hielten die Pfalz jetzt besetzt, und auf dem Bensberger Schlosse hatte es sich der Rittmeister du Colombier von der französischen Legion Bourbon, die mit Dumouriez zu den Oesterreichern übergetreten war, beim Amtsschultheiß Daniels bequem gemacht, während das von ihm befehligte achtzig Mann starke Detachement Husaren Baracken in dem von Richeranne angelegten Lager hinter dem Schlosse bezogen hatte. Der Wachdienst wurde so sorglos wie möglich verrichtet, da der Commandant selbst den ganzen Tag in der Schloßschenke sich mit Wein und Spiel die Zeit vertrieb und nur während des Tages Patrouillen und Vorposten für nöthig fand, da seiner Erklärung nach die Franzosen bei Nacht nichts wagten, und ebenso auch nicht litt, daß die Pferde außer dem Dienst gesattelt blieben.

In dieser Zeit der Ruhe drängte es den Besitzer des Mühlheimer Stadtgutes gewaltig, zu wissen, wie es im Forsthause zu Trausdorf stehe, und seine geliebte Ulrike, deren Anblick ihm über drei Monate versagt geblieben, wiederzusehen. Daher ritt Hermann trotz der vom alten Oberförster erhaltenen Abweisung eines Morgens von einem treuen Knechte begleitet nach Trausdorf, ließ Knecht und Pferde im Gasthofe des Dorfes und betrat den ihm wohlbekannten Fußweg, der nach dem Forsthause führte. Schon an der Umzäunung des umfangreichen Gartens, welcher das mitten in einer prachtvollen Buchenwaldung liegende Forsthaus umgab, erblickte er Ulriken, die das laue schöne Dezemberwetter benutzt hatte, und mit zwei Mägden beschäftigt war, Wäsche zu trocknen. Trotz seiner Sehnsucht konnte er sich die Wonne nicht versagen, von einer Baumgruppe verdeckt die Geliebte zu belauschen, die ihm nach so langer Trennung nur noch reizender und lieblicher erschien.

Ulrike war eine schöne, schlanke Jungfrau von neunzehn Jahren und kräftig ausgebildet; in der frischen freien Waldluft aufgewachsen, zeugte ihr Antlitz von blühender Gesundheit, und ein Zug stiller Schwermuth gab dem lieblichen Gesichtchen einen erhöhten Reiz. Wohl mochte auch Ulrike, welche jetzt den Mägden die Arbeiten überlassen hatte und in stilles Träumen versunken zu sein schien, an ihren Hermann denken, der ihr unbewußt so nahe war. Jetzt aber hatte denselben ein kleiner Wachtelhund entdeckt und blieb mit ununterbrochenem Gekläff vor dessen Versteck stehen, aus welchem Hermann jetzt rasch heraustrat.

„Hermann!" rief Ulrike freudig erschrocken und eilte

auf den jungen Mann zu, der, ohne auf die Gegenwart der Mägde zu achten, sie stürmisch in seine Arme schloß. Und indem sie sich seinen heißen Küssen erröthend entwand, fragte sie lächelnd und staunend: „Aber wo kommst Du jetzt her?"

„Von daheim, mein süßes Mädchen," rief zärtlich Hermann, von neuem die Geliebte umschlungen haltend. „Es ließ mir nicht länger Ruhe, ich mußte wissen, wie Du und die Deinen sich hier befinden, und ob Ihr auch so wilde, böse Wirthschaft habt erdulden müssen, wie wir."

„Gott sei Dank, wir befinden uns Alle wohl und haben noch keinen Feind zu sehen bekommen," versetzte Ulrike und strich liebkosend mit der Hand über die Stirn des in ihren Anblick jetzt wonnig versunkenen jungen Mannes. „In Transdorf," fuhr sie erzählend fort, „da haben Dragoner arg gehaust, aber bis hierher scheint sich Keiner zu wagen."

„Und ist der Vater daheim?" forschte Hermann.

„Nein, er ist im Walde, wird aber bald kommen," entgegnete etwas verlegen Ulrike.

„Und der soll mich wohl nicht finden?" fragte neckend der Geliebte.

„Oh doch, Du kamst ja aus liebevoller Besorgniß für uns Alle," sprach zärtlich Ulrike, duldete jetzt die wiederholten Küsse Hermann's und fügte dann nach einer kurzen Pause hinzu: „auch möchte ich nicht, nachdem unsere Leute Dich gesehen, daß der Vater Dich nicht getroffen hätte. Aber der Tante will ich sagen, daß sie mir ein Zeichen giebt, wenn der Vater kommt, damit ich unterdeß hier mit Dir plaudern kann." Und schnell eilte sie nach diesen Worten dem nahen Forsthause zu.

„Komme bald zurück!" rief Hermann ihr nach, der nach

so langer Trennung von dem Glücke, die Geliebte wieder gesprochen und geküßt zu haben, so erfüllt war, daß er nicht bemerkte, wie ein alter Mann mit einem Ränzel auf dem Rücken in seiner Nähe stehen blieb, und ihn nun erst aus seinem Träumen störte, als er ihn mit den Worten anredete: „Ob wohl der Herr Oberförster jetzt zu sprechen ist?"

„Ich glaube nicht," entgegnete Hermann zerstreut und schaute sehnsüchtig nach dem Forsthause.

„Nun, ich habe Eile," entgegnete der Alte, „und muß heute noch nach Gladbach. Wenn Sie ihn sprechen sollten, so sagen Sie ihm nur, der Anton aus Waldbroel hätte soeben durch Zufall erfahren, daß die Franzosen heute Nacht Schloß Bensberg überfallen wollten."

„Schloß Bensberg?" rief zweifelnd Hermann, konnte sich aber nicht verbergen, daß diese Nachricht ihn mit Unruhe erfüllte, so unglaublich sie auch klang.

„Dort kommt der Herr Oberförster selbst," meinte der Alte und ging dem Erwarteten entgegen, der jetzt mit seiner Tochter aus dem Forsthause trat.

„Also doch wieder auf verbotenem Revier?" rief der Oberförster halb drohend und näherte sich dem jungen Manne, welchem Ulrike, die einige Schritte hinter dem Vater zurückblieb, lächelnd und ermuthigend zuwinkte.

„Herr Oberförster," sagte hastig Hermann, ich bin hergeeilt, um mich zu überzeugen, ob hier noch Alles gut steht, und da dies der Fall, so kehre ich beruhigt wieder zurück. Aber nicht ohne Bestürzung höre ich von diesem Manne, daß die Franzosen diese Nacht Schloß Bensberg überfallen wollen. Wenn dies möglich sein könnte, so muß ich sogleich wieder zurück,

Gottwald. Historische Erzählungen. 3

so kostbar mir auch jede Minute ist, die ich in Ulriken's Nähe verweilen kann."

„Woher willst Du das wissen, Anton?" fragte ebenfalls überrascht der Oberförster und faßte den Alten streng in's Auge.

„Durch zwei Kerle, die halb trunken bei Honsberg im Waldgraben saßen und nicht ahnten, daß ich mich in ihrer Nähe befand. Es sollen Verräther aus dortiger Gegend den Franzosen als Wegweiser dienen und auf dem Schlosse soll's so lustig zugehen, daß die Elsässer Husaren, die jetzt schon bis nach Siegburg und Honnef streifen, leichte Arbeit haben werden."

„Dann glaub' ich's auch!" rief ernst der Oberförster. „Ich danke Dir Hermann," setzte er halb ernst, halb spöttisch hinzu, „daß Du so viel Sorge um uns gehabt. Nun aber spute Dich, daß Du nach Bensberg kommst, damit Du noch warnen kannst, ehe es zu spät ist."

„Leb' wohl, Ulrike," sprach Hermann und führte die Hand der näher getretenen Geliebten an seine Lippen. „Und Sie, Herr Oberförster, schütze der Himmel nebst Ihrem Hause vor Unglück und Gefahr!"

„Leb' wohl, mein Hermann," rief Ulrike zärtlich dem Davoneilenden nach, ohne sich durch des Vaters Anwesenheit einschüchtern zu lassen, und bald darauf sprengte Hermann mit seinem Knechte im wilden Carriere der Richtung nach Bensberg zu. —

Am Abend des 17. Dezember ging es gar lustig in der Weinschänke des Bensberger Schlosses zu, welcher der Amtschirurg Bose als Wirth vorstand, denn der Rittmeister du Colombier, der ein lustiger Gesellschafter, aber ein sehr nachlässiger Commandeur war, hatte einen Abendschmaus veranstaltet, welchem der Amtsschultheiß und die Honoratioren des Ortes als Gäste beiwohnten, und unter Gesang und Gelächter, als wolle man sich nach bitteren Trübsalen einmal so recht froh wieder fühlen, klangen die gefüllten Becher aneinander. Als es zehn Uhr war, entfernte sich der Amtsschultheiß, der gegenüber der Schloßschänke seine Wohnung hatte, nebst mehreren der in Bensberg wohnenden Gäste; der Rittmeister aber und ein Lieutenant nebst einigen Beamten des Kreisamtes blieben noch ruhig bei den Flaschen sitzen und scherzten mit der schmucken Wirthin und deren heirathsfähigen Nichte und Tochter, die jedoch die lüsternen und vom leichten Weinrausch kecker werdenden Officiere auf sehr energische Weise in ihren Schranken hielten; — da öffnete sich plötzlich die Thür, und vom heftigen Ritte erhitzt und in wilder Aufregung, kaum der Stimme mächtig, stürzte der Stadtgutsbesitzer Hermann aus Mühlheim in's Zimmer, rief: „Rettet Euch, die Franzosen kommen!" und eilte nach dem Flügel des Schlosses, in welchem seine Eltern wohnten. Als er diese gewarnt, sich ruhig hinter verschlossener Thür zu halten und sich überzeugt hatte, daß es in diesem abgelegenen Theile des Schlosses keine Gefahr habe, stürzte er fort nach der Wohnung des Amtsschultheißen, der, durch ein Getümmel im Schloßhofe aufmerksam geworden, erschrocken in Schlafrock und Pantoffeln nach dem Schänkzimmer eilte und daselbst den Warnungsruf Stücker's vernahm. Dieser eilte sofort wieder auf einem Seitenwege dem Dorfe zu.

Erschrocken sprangen die Officiere und Beamten auf, der Rittmeister in den nahen Garten, wo er sich in einem Lusthause verbarg, der Lieutenant aber nach den Baracken der Husaren, die dem Befehle gemäß ohne Wachtposten, und deren Pferde ungesattelt geblieben waren. Hier sah er mit Entsetzen über 200 Mann blauer Elsässer Husaren bereits in dem Besitze der Pferde, auf welche überhaupt der Ueberfall abgesehen gewesen und deren Reiter schon zum Theil gefangen genommen oder entflohen waren. Ehe er noch Zeit hatte, sich zu flüchten, da an eine Gegenwehr nicht zu denken, und auch die Kaserne der Invaliden von einer starken Abtheilung Grenadiere zu Pferde kampfbereit bewacht war, wurde auch er ergriffen und als Gefangener in die Weinstube geschleppt, um dort Zeuge zu sein, wie alle noch vorhandenen vollen Weinflaschen unter höhnischem Gelächter über die tapfere Schloßbewachung von den Husaren geleert wurden, während man auch den Amtsschultheißen in seinem Hausanzuge festgenommen hatte; man glaubte nämlich, in ihm den Anführer der Bourbon'schen Husarenabtheilung ergriffen zu haben, schleppte ihn nebst den übrigen Gefangenen auf den erbeuteten Pferden mit fort und trat unter Verwünschungen, Drohungen und Gelächter den Rückzug an.

Hermann war zu spät gekommen, um rechtzeitig zu warnen, denn dreimal unterwegs von umherstreifenden feindlichen Husarenabtheilungen aufgegriffen, hatte er sich eine Stunde von Bensberg nur durch einen kühnen Fluchtversuch aus deren Händen gerettet, ohne daß die nachgesendeten Kugeln der Verfolger ihn getroffen. Sein Knecht war als Gefangener festgehalten, doch nach wenigen Stunden seines Pferdes beraubt wieder entlassen worden. Als Hermann den letzten Versuch wagte, vor Eintreffen der Feinde noch auf's Schloß zu gelangen, waren diese hart hinter ihm her, und nur auf den ihm bekannten Nebenwegen war es ihm geglückt, sich im Dorfe zu verbergen, bis die Feinde wieder abgezogen, die auch gar nicht die Absicht hatten, so lange zu verweilen, bis die Bevölkerung Bensberg's und der nahe liegenden Orte zur Unterstützung der Schloßbewohner hätte herbeieilen können.

Rastlos eilten die Franzosen mit fünfundsechszig erbeuteten Pferden und ihren Gefangenen dem Orte Pfaffenrath zu, wo bereits größere Truppenmassen der wieder in die bergischen Lande einfallenden Maas= und Sambre=Armee eingetroffen waren. Erschrocken hatte der Ortsvorsteher Kerp in Gladbach seinen hohen Vorgesetzten, den Amts= schultheißen, in der kläglichsten Gestalt beim Fackelscheine vor seiner Wohnung mitten unter einem Trupp Husaren einige Augenblicke halten sehen, und als Kerp fragte: „Wohin, Herr Amtsschultheiß, noch so spät Abends?" hatte dieser in tiefster Betrübniß erwidert: „Das mag Gott im Himmel wissen. Man hält mich für einen österreichischen Ritt= meister!"

Vergebens betheuerte Kerp dem französischen Anführer, daß der Gefangene der kurfürstliche Amtsschultheiß sei, und nur auf dessen wiederholte Bitten wurde gestattet, daß er dem vor Frost in seinem Schlafrocke Zitternden einen Mantel umwarf, und die durch den Ritt hinaufgerutschten Bein= kleider über die Schenkel herunterzog; dann aber ging es im scharfen Trabe weiter, und nun erst, als man sich in Pfaffenrath durch die einstimmigen Aussagen der Gemeinde= vorstände überzeugt zu haben schien, daß man den Ritt= meister nicht ergriffen hatte, entließ man den zum Tode erschöpften und arg gequälten Amtsschultheißen gegen Erle=

gung von zwanzig Kronenthalern, die der dortige Ortsvorstand Kierspel auslegen mußte, während man Daniel's Uhr und Börse behielt. — Dieser kecke Handstreich gab dem französischen Kriegsminister Aubert-Dubayet Gelegenheit, einen pomphaften Siegesbericht an die französische Legislative zu übersenden, als sei durch ein kleines Streifcorps der Maas- und Sambre-Armee ein Armeecorps der Oesterreicher vollständig geschlagen worden und die gesammten Pferde des Husaren-Regiments Barko nebst bedeutendem Fouragemagazin in die Hände der Sieger gefallen.

Die Emigrantenschwadron nebst deren aus dem Versteck wieder hervorgekommenem Rittmeister begab sich, so viel davon noch vorhanden, den andern Morgen in's österreichische Hauptquartier nach Honnef, wo der Rittmeister nebst seinen Leuten sehr ungnädig empfangen wurde, alle Schuld aber auf die Bewohner des Dorfes Bensberg zu wälzen suchte, die er als Verräther bezeichnete, welche den Franzosen einen unbewachten Seitenweg zum Schlosse und dem Lager der Husaren gewiesen. Wüthend darüber befahl der österreichische Feldmarschall Kray, das man Bensberg niederbrennen solle, und vergeblich wurden der Schloßvoigt Moreau und der wieder im Schlosse angelangte Amtsschultheiß Daniels als Bittende in's Hauptquartier gesendet, um diesen für die unschuldigen Bewohner des Dorfes Elend und Verderben bringenden Befehl rückgängig zu machen; sie mußten mit Schmähungen überhäuft das Quartier verlassen, und schon war das Commando bestimmt, welches dieses Vernichtungswerk ausführen sollte, da wankte, matt von dem erlittenen Blutverluste und mit noch ungeheilten Wunden, Ferdinand Stücker, von seinem Vater, dem Oberamtsgerichtsadvocaten begleitet, in das Quartier des gefürchteten und bitter ergrimmten Feldmarschalls, welcher den jungen Helden freundlich aufnahm. Nach dessen Betheuerung, daß kein Bewohner Bensberg's sich zum Verräther hergegeben, sondern nur die Feigheit des Commandanten du Colombier die Schuld dieses schmachvollen Ueberfalles trage, nahm er den Befehl zurück und richtete seinen Zorn gegen den Rittmeister der Emigranten, der sich inzwischen eilig aus dem Staube gemacht hatte und später als Major derselben blauen Husaren zurückkehrte, welche ihm seine Pferde gestohlen. So blieb er auch im Verdacht, daß er durch Begünstigung jenes Handstreichs sich mit den französischen Machthabern habe versöhnen wollen.

Einen Bauer, Namens Theodor Marx, welchen die französischen Husaren auf dem Felde ergriffen und gezwungen hatten, sie auf Schleichwegen nach Bensberg zu führen, traf der Verdacht des Verrathes, und als derselbe später verarmte und erblindete, hielten seine Landsleute dies als wohlverdiente Strafe für den, den Feinden geleisteten Führerdienst.

Nach diesen Ereignissen behielten, wie früher, abwechselnd die Oesterreicher und Franzosen im bergischen Lande die Oberhand, letztere aber, nachdem Jourdan die Oesterreicher wieder zurückgetrieben, zum Unheil des Landes auf längere Zeit. Unerschwingliche Contributionen wurden mit barbarischer Härte erpreßt, und fast aus jeder Stadt und jedem Dorfe befanden sich Magistratspersonen und Ortsvorsteher als Geißeln im französischen Hauptquartier. Die von Ferdinand Stücker und dessen Verbündeten von Zeit zu Zeit wieder gesammelte Streitmacht war zu schwach zu einem entscheidenden Schlage, obgleich die gesammte männliche Bevölkerung, der fürchterlichen Quälereien ihrer Feinde müde, stündlich bereit war, bei jeder sich günstig bietenden Gelegenheit zu den Waffen zu greifen, und manche Truppenabtheilung der Franzosen wurde, beim Plündern kleiner Ortschaften überrascht, ein Opfer der Volkswuth. Aber trotzdem nahmen die Gewaltthätigkeiten der Marodeurbanden immer mehr überhand, obgleich der französische Obergeneral Alle mit dem Tode bedroht hatte, die als Plünderer ergriffen würden.

Wiederholt hatte Hermann voll Bangen um das Schicksal seines geliebten Mädchens an den Oberförster die Bitte gerichtet, mit den Seinigen nach Schloß Bensberg überzusiedeln, in welchem nach dem letzten Ueberfalle keine Besatzung mehr geduldet werden sollte, außer der pfälzischen Invalidengarnison. Die Bewohner dieses, dem Kurfürsten von Bayern gehörigen Schlosses erfreuten sich in den wilden Kriegswirren jener Tage noch des meisten Schutzes. Der alte Oberförster aber, der mit den Seinigen bisher von allen Ueberfällen und Erpressungen der französischen Marodeurbanden unbelästigt geblieben war, wies diese Bitten mit dem Bemerken ab, daß er zwar darauf eingehen wollte, seine Tochter mit Schwester der ihm befreundeten Familie des Amtsschultheißen Daniels zu übergeben; doch müsse er auf seinem Posten bleiben und er habe an seinen Jägerburschen und Waldarbeitern hinreichenden Schutz gegen solches Gesindel. — Hatte bis jetzt indessen noch kein beutesüchtiger Schwarm den Weg zu dem einsam liegenden Forsthause gefunden, so sollte der Verrath gar bald eine solche Rotte dahin führen, da ein wegen Trunk=

sucht und Rohheit aus dem Dienste des Oberförsters ent=
lassener Jägerbursche aus Rache gegen denselben eine Bande
Marodeure auf das Forsthaus aufmerksam gemacht und
sich zum Führer derselben erboten hatte.

Die Plünderung eines Forsthauses bei Housberg hatte
den Oberförster endlich bewogen, darauf zu dringen, daß
Tochter und Schwester unter sicherer Begleitung nach
Bensberg abreisen sollten, und nachdem man schon länger
vorher alles werthvolle Eigenthum sicher verborgen, war
der Morgen des 7. Januar des Jahres 1796 zur Abreise
bestimmt. Koffer und Kisten standen gepackt, und in der
neblichen Morgendämmerung hielt der mit zwei kräftigen
Ackergäulen bespannte Reisewagen im Hofe des Oberför=
sters, bereit, um die abreisende Tochter und Schwester des
nun allein zurückbleibenden alten Herrn nach ihrer neuen
Wohnung zu bringen.

Noch vor dem Abschiede bestürmten die Abreisenden
den Zurückbleibenden, sie zu begleiten und von Bensberg
aus sich einen Schutzbrief des Obergenerals für das Forst=
haus als Eigenthum des Kurfürsten zu verschaffen, um
dann gesicherter zurückzukehren.

„Darüber, Kinder, erspart Euch jedes Wort," entgegnete
hierauf der alte Herr. „Ich bleibe hier auf dem mir über=
tragenen Besitzthum und werde weit weniger Besorgniß
hegen, wenn ich Euch in der uns befreundeten Familie des
Amtsschulzen sicher weiß; höchstens," setzte er, Ulriken scharf
firirend, hinzu, „könnte mich beunruhigen, daß es von Mühl=
heim nach Bensberg näher ist als nach Trausdorf, wo
denn der Alte allein sitzt."

„Hermann ist mir überall nahe, lieber Vater," sagte

ruhig lächelnd die Tochter und half der Tante die letzten Stücke der mitzunehmenden Garderobe einpacken, indeß der Vater, vor sich hinbrummend, an das Fenster trat und ein altes Jagdlied zu pfeifen versuchte, dann aber sich wieder nach den Seinen wendend sprach: „Na, wir wollen hoffen, daß mir die Franzosen nicht das Haus über'm Kopfe anzünden, denn dann allerdings müßte ich einstweilen nach Bensberg."

„Das wolle der Himmel verhüten!" seufzte erschrocken die Tante, und auch Ulrike wendete sich mit besorgtem Blicke dem Vater zu.

„Ja, Kinder, das muß man jeden Tag befürchten," bemerkte der Oberförster, „und darum wird mir's leichter und wohler um's Herz sein, wenn Ihr erst in Sicherheit seid. — Ich werde Euch eine Anzahl bewaffneter Waldarbeiter als Bedeckung mitgeben, — oder hat der Herr Oekonom vielleicht schon dafür Sorge getragen?" fügte er halb spöttisch hinzu.

„Ich habe allerdings an Hermann geschrieben, daß wir heute Morgen noch nach Bensberg übersiedeln werden," antwortete erröthend Ulrike, „und er hat mir darauf sagen lassen, daß er bei so gefahrvollen Zeiten selbst dafür Sorge tragen werde, uns sicher an das Ziel unserer Reise zu bringen."

„So, so, — na, das ist unter den jetzigen Umständen schon anzunehmen," entgegnete ernst der Oberförster, umarmte herzlich Tochter und Schwester und rief, eine innere gewaltsame Bewegung mit Mühe unterdrückend: „Nun, Kinder, reiset mit Gott und habt um mich keine

Sorge; vielleicht wird's bald besser, und dann kehrt Ihr in unsere Waldeinsamkeit zurück."

Da sprangen plötzlich zwei im Zimmer befindliche große Jagdhunde, laut anschlagend, nach der Thür, und durch die Stille des Morgens drang ein wildes Geschrei.

„Zieht den Wagen zurück und schließt den Thorweg!" schrie jetzt ein Jägerbursche, der im schnellen Laufe sich genähert. „Die Franzosen kommen!"

„Allmächtiger, erbarme Dich!" jammerte die Tante leichenblaß und wankte nach dem Sopha.

„Vater, lieber Vater, bleibe bei uns!" flehte Ulrike und klammerte sich fest an den Oberförster, der rasch nach seinem Gewehr griff und den Hirschfänger fest schnallte.

„Kind, erst müssen wir sehen, was es giebt," entgegnete dieser ohne eine Spur von Bestürzung zu verrathen und öffnete das Fenster.

Unterdessen war es heller geworden, und der Oberförster erkannte deutlich einen starken Haufen Bewaffneter, die aus allen Truppengattungen zusammengelaufen unter dem wilden Gebrüll der Carmagnole dem Forsthause sich näherten, aus dessen Hofe bereits der Reisewagen entfernt und in einem Schuppen verborgen worden war, und Jäger, Knechte und herbeieilende Waldarbeiter sich zur Vertheidigung rüsteten. Der Anführer der inzwischen näher gekommenen Bande, ein Dragonerwachtmeister, der deutschen Sprache genügend mächtig, verlangte jetzt die Oeffnung des Thorwegs unter den Flüchen und Drohungen des wild heranstürmenden Haufens.

„Dies Haus ist kurfürstliches Eigenthum, und Fremde haben hier keinen Eintritt!" rief barsch der Oberförster und schlug das geöffnete Fenster zu, während der tobende Haufen mit Kolbenschlägen auf die starken eichenen Flügel des Thores schlug und zu einer Berathung zusammen zu treten schien.

„Kinder, unverzagt!" tröstete der Oberförster, nachdem er zwei eingetretenen Jägerburschen Vertheidigungsbefehle ertheilt. „Mit diesem Gesindel werden wir fertig. Ihr aber begebt Euch in die über dem Waschhause befindliche Bodenkammer, wohin die Mägde Euch folgen sollen, und von dort aus seid Ihr dem sichersten Zufluchtsorte des Forsthauses, dem vom Keller aus nach der Ruine führenden Gange, nahe."

„Nein, ich verlasse Dich nicht, Vater," rief Ulrike, nachdem der erste Schreck vorüber war.

„Du hast mich nicht umsonst ein Gewehr führen gelehrt, und ich werde Dir zur Seite bleiben!"

„Ich auch!" stöhnte die Tante, „denn ich würde ohne Euch mich überall noch ängstlicher fühlen."

Die Berathung vor dem Thorwege schien jetzt beendigt zu sein, denn unter wildem Geschrei begannen die Franzosen die Stacketenumfassung des nahe angrenzenden Gartens zu übersteigen.

„Zurück!" tönte es von Seiten der im Vorhofe und Garten hinter den Bäumen postirten Jäger und Waldarbeiter. — Ein Hohngelächter war die Antwort; die Marodeure gaben Feuer, und sechs bis acht Kugeln prallten von den Bäumen und Mauern des Forsthauses ab. Da krachte eine Gewehrsalve von Seiten der Jäger, und die Hälfte der Kletterer stürzte verwundet zu Boden. Aber immer stürmischer drängten die Nachfolgenden und richteten ihr Feuer auf die Fenster des Wohngebäudes, während von den Jä=

gern schnell aufeinander folgende, scharf gezielte Schüsse
in den Haufen tödtlich einschlugen. Jetzt wich die starke
hölzerne Umzäunung, die Rotte drängte sich in den Vorhof,
und bald begann der Einzelkampf der Franzosen mit den
Jägern und Waldarbeitern, die durch Trausdorfer Bauern
unterstützt, sich auf die grimmig gehaßten Feinde warfen
und Schritt vor Schritt ihnen das Vordringen streitig
machten. — Schon wollte der Oberförster mit den vor
Wuth wild aufheulenden Hunden zur Unterstützung der
Seinen herbeieilen, denn die Hälfte der Eingedrungenen war
kampfunfähig, und die Vertheidiger des Forsthauses schienen
die Oberhand zu gewinnen; da stürzten plötzlich, durch die
Fenster des Erdgeschosses in's Haus gedrungen, sechs der
frechsten Marodeure mit dem Anführer an der Spitze in
das Zimmer.

Entsetzt schrie die Tante bei dem Anblicke der wilden
Gestalten um Hilfe, zitternd schmiegte sich Ulrike, ein Jagd=
messer in der Hand, an den Vater, welcher jetzt mit dumpfer
Stimme den auf die Eindringenden losstürzenden Hunden
zurief: „Faß' an!" Und laut aufbrüllend sahen sich zwei
Marodeure an der Gurgel erfaßt und zu Boden gerissen,
während der Oberförster zwei Pistolen auf die durch einen
solchen Empfang erschreckt Zurückweichenden abdrückte, dann
seinen Hirschfänger zog und, seine Tochter von sich drän=
gend, dem Anführer entgegenstürzte, welcher fluchend einen
der Hunde niederschoß. Mehrere Bajonnetstiche trafen den
zweiten Hund, der von den unter ihm liegenden, gräßlich
zerfleischten Marodeuren aufgesprungen war, und zur Ver=
theidigung seines Herrn dem Anführer entgegenstürzte. Zwei
der Franzosen suchten nun den Oberförster zu bewältigen,

indeß der Anführer Ulriken von dem geöffneten Fenster riß, aus welchem diese nach Hilfe gerufen, und nun mit der heldenmüthigen Jungfrau im Kampfe ringend, ihr das auf ihn gezückte Jagdmesser entwand und sie zu Boden werfen wollte. Wilder und siegverkündender tönte das Gebrüll der Rotte aus dem Hofe empor; von Schreck und Grausen überwältigt, war die Tante ohnmächtig zu Boden gesunken, verzweiflungsvoll kämpfte Ulrike mit ihren schwachen Kräften gegen den sie wild umfaßt haltenden Feind, und schon blutete der Oberförster aus einer tiefen Armwunde.

Aber auch seine Gegner hatten die Schärfe seines Hirschfängers gefühlt, und eben wollte der Anführer, der vier seiner Leute bereits entwaffnet und zu Boden gestreckt liegen sah, von Ulriken ablassen und sich nach dem Oberförster wenden. Da tönte heller Hörnerklang aus dem Walde hervor, und unter Hurrahruf drang eine starke Schaar bewaffneter Landleute auf die blutgierige Bande ein, welche, getäuscht in ihrer Hoffnung, über die Besatzung des Forsthauses zu siegen, nun nach allen Seiten hin entfloh. Nach dem oberen Zimmer aber eilte Hermann, und von dessen Degen tödtlich getroffen, stürzte der Anführer zu Ulriken's Füßen nieder, indeß die mit dem Oberförster im Kampfe begriffenen Marodeure von den ihrem Führer nachstürmenden Landleuten niedergehauen wurden. Mit einem Ausruf der Freude sank Ulrike in die Arme des geliebten Retters, während die in's Zimmer eingedrungenen Landleute den Oberförster, der mit Anstrengung seiner letzten Kräfte sich gegen die Räuber gewehrt hatte, auf's Sopha führten, und die herbeigeholten Mägde die aus ihrer Ohnmacht erwachte und laut aufjammernde Tante nach dem oberen Zimmer brachten.

In wenigen Minuten war das Forsthaus von den Räubern befreit; die größere Zahl derselben hatte unter den Händen der wutherfüllten Bauern geendet oder war von den Kugeln der Jäger und Waldarbeiter niedergestreckt. Die Hunde, welche ihre Treue gegen ihren Herrn mit dem Leben bezahlt, waren hinweggeschafft worden sammt dem im Zimmer gebliebenen Anführer und einem seiner Genossen; die Blutspuren wurden abgewaschen, und tief in einem Dickicht des Waldes barg noch im Laufe des Tages die getödteten Feinde ein gemeinsames Grab, mit fünf dabei gefallenen Jägern und Waldarbeitern, welche zwei Tage später von den Ihrigen wieder ausgegraben und auf dem Friedhofe zu Trausdorf eingesenkt wurden. Keiner der Franzosen aber war lebend zurückgekehrt, um Kunde von jenem Ueberfall, sowie von Vernichtung der Marodeurbande in's Hauptquartier des französischen Oberbefehlshabers zu bringen. —

Im Forsthause aber befand sich der Oberförster unter den Händen eines herbeigeholten Wundarztes, welcher zur Beruhigung des alten Herrn erklärte, daß keine seiner Wunden, deren er mehrere erhalten, gefährlich sei und nur der Blutverlust, sowie der Schreck und die Angst um die Seinen ihn so entkräftet. Nach einigen Stunden Ruhe drang er selbst darauf, mit nach Bensberg zu reisen, und wollte keine Stunde länger die Tochter und Schwester hier lassen. Die Gegenwart Hermann's und das süße Bewußtsein, daß er der Retter Aller gewesen, hatten Ulrike, obgleich noch bleich und erschöpft, bald das gräßlich Erlebte des Morgens vergessen lassen.

Während sie mit dem Geliebten an des Vaters Seite saß, ergriff dieser des jungen Mannes Hand und sprach tief bewegt: „Du kamst in höchster Noth, mein wackerer Junge! Nur wenige Minuten noch, und wir hätten den Elenden erliegen müssen. Da aber der Wagen noch bereit steht, so wollen wir fort. Der Förster Knaut bleibt, bis ich wieder zurückkehre, hier und wird dafür sorgen, daß das Forsthaus sicherer gegen derartige Ueberfälle verwahrt ist und eine Besatzung streitbarer Männer in sich birgt, die auch einen offenen Kampf mit einer solchen Bande nicht zu scheuen braucht."

„Ja, Vater, was uns in dieser trüben Zeit auch noch bevorstehen möge, Gräßlicheres kann uns nicht treffen, als was uns hier bedrohte," rief Ulrike und drückte zärtlich Hermann's Hand. „Denn nicht immer möchte so liebe und treue Hilfe uns zu Theil werden."

„Darum auf nach Bensberg!" drängte Hermann. „Laßt nichts zurück, was Euch lieb und werth, denn hilfreiche Hände giebt es ja hier genug."

„Es ist Alles schon wohl geborgen," entgegnete der Oberförster, „und was hier bleibt, überlassen wir dem Schutze unserer Leute, für deren Verpflegung Vorrath genug in Küche und Keller vorhanden ist. Will's Gott, bin ich in wenigen Tagen wieder hier, und ich hoffe dann sicherer geschützt zu sein, als bisher."

„Und gut bewacht und verwahrt sollt Ihr hier Alles wiederfinden," versicherte der Förster Knaut und geleitete den Oberförster und dessen Tochter und Schwester zum Wagen, welchen Hermann, von einer Schaar Bewaffneter begleitet, sicher nach Bensberg brachte, wo die Familie des Amtsschultheißen die Schutzsuchenden mit herzlicher Theilnahme empfing.

Unter Leitung des Försters Knaut aber verwandelte sich das Trausdorfer Forsthaus zu einer mit Pallisaden umgebenen Festung, und die weitläufigen Oekonomiegebäude wurden zu Wohnungen einer treuen Schaar Waldarbeiter eingerichtet, für deren Beköstigung die reichen Vorräthe der Lebensmittel preisgegeben wurden, die der wohlhabende und vorsorgliche Oberförster bei Beginn der Kriegsunruhen in sicherem Verschlusse aufbewahrt hatte.

Ein glücklicher Zufall wollte, daß der edelste der Befehlshaber der nur noch spärlich im bergischen Lande vorhandenen französischen Truppen, Oberst Richepanse, es war, welcher wenige Tage nach jenem bergischen Ereignisse die Beschwerde des Oberförsters empfing und von mehreren Seiten bestätigt fand, daß keiner der Marodeure mit dem Leben davon gekommen, der verrätherische Jägerbursche aber, welcher ebenfalls in die Hände des Landvolkes fiel, an einer Eiche des Frankenforstes aufgehängt gefunden worden war. Denn sicher hätte nach einer so blutigen Vergeltung den Oberförster, sowie dessen Vertheidiger ein Strafgericht getroffen, da über sechzig Franzosen dabei ihren Tod gefunden. Die Elberfelder Zeitung aber brachte bald darauf die Nachricht, daß eine starke Abtheilung französischer Krieger von dem erbitterten Landvolke bei Trausdorf erschlagen worden wären.

„Ich will ein Anführer tapferer Soldaten, aber kein Hauptmann von Räubern und Mordbrennern sein!" war die Antwort des braven Obersten, als nach jener Veröffentlichung der Befehl an ihn erging, die rebellischen Bauern zu züchtigen. Da keiner der bei diesem Ueberfalle betheiligten Franzosen wieder in seiner Garnison angelangt war, um Klage zu erheben, so unterblieb jede weitere Untersuchung, wohl aber wurde von Neuem verkündet, daß jeden Franzosen die Todesstrafe treffe, der bei Plünderungen und Ueberfällen schutzloser Orte und einzeln liegender Forsthäuser und Weiler ergriffen werde, jeder Ort und jedes Haus aber der Vernichtung anheimfallen würde, dessen Bewohner es wagten, französische Soldaten zu überfallen.

Vierzehn Tage hatten genügt, um den Oberförster so weit wiederherzustellen, daß er neu gekräftigt und mit gut verbundenen in der Heilung begriffenen Wunden wieder nach seinem Forsthause zurückkehren konnte, für welches er, durch Richepanse's Verwendung, noch einen besonderen Schutzbrief des Oberbefehlshabers erhalten hatte. Länger vermochten ihn auch nicht die Seinen noch der Amtsschultheiß und dessen Familie sowie der Oberamtsgerichtsadvocat zurückzuhalten, mit welchem er sich auf das Herzlichste wieder ausgesöhnt hatte. Denn als am Abend vor der Abreise Hermann mit seinen Eltern sich in das Zimmer des Oberförsters begab, welches dieser im Bensberger Schlosse bewohnte, trat der alte Waidmann an der Seite seiner Tochter dem Oberamtsgerichtsadvocaten tief bewegt entgegen und rief, auf Hermann deutend: „Hier, alter Freund, steht mein Seelenarzt, der mich von dem Giftzahn langjährigen Grolles glücklich befreit hat, und dafür möge ihn mein Mädel belohnen, die das besser vermag als ich. Wir aber wollen wieder als treue Freunde zusammenhalten, so lange der Himmel in dieser trübseligen Zeit es uns noch vergönnt."

Da sank Ulrike mit purpurglühenden Wangen an die Brust des glücklichen Geliebten; in herzlicher Umarmung sanren zwei alte Freunde versöhnt sich wieder, laut schluchzend voll inniger Theilnahme stützte sich die Tante, welche in Folge der erlebten Schrecknisse in Bensberg erkrankt war und heute zum ersten Male das Krankenlager verlassen, auf die Mutter Hermann's. Und diese faltete unter Freudenthränen die Hände und rief gerührt aus: „Gott schütze Euch, Ihr guten Kinder und gebe Euch bald schönere Tage als die, in denen Ihr Euch auf immer vereinigt!"

Drei Wochen später fand die Trauung der Verlobten in der Schloßkapelle zu Bensberg statt, und die junge, glückliche Frau zog mit Hermann nach Mühlheim, wohin auch der Oberamtsgerichtsadvocat sich mit seiner Gattin wendete, und nur die Trennung von dem Vater und der treuen, guten Tante erfüllte sie bei deren Abreise nach Trausdorf mit stillem, bangen Sehnen, das jedoch bald durch den ihr neu eröffneten Wirkungskreis und die tröstenden Nachrichten schwand, welche Hermann aus der Oberförsterei seinem Weibchen brachte. Dort hatte nebst vielen anderen Sicherheitsmaßregeln der Förster Knaut auch eine mächtige Sturmglocke angeschafft, deren Lärm weithin hörbar, Hilfe von allen Seiten herbeizurufen, bestimmt war. Glücklicher gestaltete sich für diese einsame Waldgegend die spätere Zeit, und ob auch das bergische Land in dem darauf folgenden Jahre noch viel durch Einquartierungslast und Kriegsunruhen zu leiden hatte, so traf weder die Familie Stücker noch den alten Oberförster und den Amtsschultheißen Daniels im Laufe jener schweren Prüfungstage je wieder ein ernsterer Unfall.

Ferdinand Stücker aber wurde nach Wien berufen, empfing aus den Händen des Kaisers ein Lieutenantspatent und die völlige Ausrüstung und trat mit Bewilligung seiner Eltern in die Schwadron seines Freundes Geysar. In dieser Stellung hatte er in der ersten Schlacht bei Altenkirchen, den 4. Juni 1796, Gelegenheit, seinem Retter Richepanse, die ihm so edel bewiesene Theilnahme und Großmuth zu vergelten. Denn Richepanse, welcher an der Spitze seiner Reiter die österreichischen Linien durchbrochen und dafür später vom Obergeneral Kleber auf dem Schlachtfelde zum Brigadegeneral ernannt wurde, hatte sich mit nur einigen Dragonern zu weit gewagt und wurde auf den Höhen von Meyenbusch von einer Abtheilung Barko-Husaren umringt. Sein Pferd, von einer Kugel getroffen, warf ihn zu Boden, und schon schwang ein Husar den Säbel über seinem Haupte, als Lieutenant Stücker sich dazwischen warf, den toddrohenden Hieb abwehrte und dem Gestürzten unter dem Pferde hervorhalf. Herbeieilende französische Verstärkung trennte die Freunde, die sich nie wieder gesehen; aber diese Rettung gewährte Ferdinand Stücker die süße Genugthuung, eine schwere Schuld auf gleich edle Weise getilgt zu haben.

Stücker trat später in das Schwarzenbergische Ulanen-Regiment und zeichnete sich bei allen Kämpfen so rühmlich aus, daß ihm der Erzherzog Karl den Ehrennamen „der bergische Held" beilegte und er so auch von der ganzen Armee genannt wurde. Vielfach und oft schwer verwundet, trieb es ihn stets wieder zu den Fahnen, wenn er nur irgend wieder zu Kräften gelangt war. Er erhielt, im Jahre 1802 zum Rittmeister avancirt, das Patent als Reichsfreiherr Stücker von Weyerhoff, gewann die Hand einer Gräfin, welche ihm mehrere mährische Herrschaften zubrachte, wurde 1803 kaiserlich königlicher Rath und

Geheimerath des Erzherzogs Rudolph, trat 1805 wieder in die Armee, führte 1809 als Chef die mährische Landwehr in den Kampf und konnte auch 1813 nicht ruhig auf seinen Gütern bleiben, sondern rückte am 30. Juli als Husarenoberst von Mähren nach Dresden und führte bei Hanau die leichten Reiter Bubna's. Dann aber mußte er, von Wunden und Beschwerden entkräftet, die häusliche Pflege suchen.

Hermann's Eltern nebst dem alten Oberförster waren noch eine lange Reihe von Jahren Zeugen des Glückes ihrer Kinder. Auch erlernte der älteste Enkel des Oberförsters zu des Großvaters Stolz und Freude das Waidwerk im Trausdorfer Forsthause und ward ein tüchtiger und kenntnißreicher Forstmann.

II.

Der Hofgärtner des alten Dessauer.

An einem schönen, sonnigen Vormittage des Monats September im Jahre 1714 wurde der alte Fürstlich Anhalt-Dessauische Hofgärtner Ranke und dessen Gattin auf das Freudigste durch die unerwartete Ankunft ihres einzigen Sohnes überrascht, welcher fünf Jahre vom elterlichen Hause entfernt gewesen, als Gärtner die Schweiz, Frankreich und Holland durchreist und zuletzt mehrere Jahre bei den berühmtesten Gärtnern Harlems und Leydens in Arbeit gestanden hatte. Unter Freudenthränen hielten Vater und Mutter den Sohn umarmt, der nun, 26 Jahre alt, ein stattlicher junger Mann geworden war und durch schlanken, kräftigen Wuchs und eine fast außergewöhnliche Manneshöhe sich auszeichnete. Das Elternpaar konnte in den ersten Augenblicken voll tiefer Rührung nicht Worte finden, die Freude auszudrücken, mit welcher dies Wiedersehen ihre Herzen mit um so höherer Wonne erfüllte, als die Kunstgenossen, bei denen der junge Ranke in Holland gearbeitet, dem alten Hofgärtner, der als tüchtiger Botaniker weit über Dessau hinaus bekannt war, des Lobes viel über die Geschicklichkeit, Kenntnisse und das musterhafte Betragen des Sohnes geschrieben. Auch hatte in der letzteren Zeit der Vater sich mehr als je nach des Sohnes Rückkehr gesehnt, da er fühlte, daß seine Kräfte abnahmen und er von der Huld der Gemahlin des Fürsten Leopold von Anhalt-Dessau, der unter dem Namen „der alte Dessauer" später so allgemein geschichtlich bekannt geworden ist, hoffte, daß seine Stelle als Hofgärtner dem Sohne nach dessen Rückkehr übertragen werde, denn nur auf die Fürstin stützte sich seine Hoffnung, nicht auf Leopold, welcher nur Krieg, Soldaten und Jagd liebte, für alles Andere aber kein Interesse hatte, welchen jedoch, so wild und starrköpfig er auch im Allgemeinen war, und so leicht ihn auch sein Jähzorn zu mancher Härte gegen seine Umgebung hinriß, seine Gemahlin bei den wildesten Ausbrüchen seines Zornes zu besänftigen wußte und viel des Unheils abwendete, mit welchem so mancher Unschuldige durch die Unbändigkeit dieses Fürsten bedroht wurde.

Die Gemahlin des Fürsten Leopold war, wie bekannt, die ebenso schöne als streng sittliche Tochter des Apothekers Fröhse zu Dessau, mit welcher Leopold schon als Knabe gern gespielt, und für die er später in heftiger Liebe erglühte und trotz aller Drohungen und Bitten seiner Mutter und seiner hohen Verwandten, welche durch diese Neigung des wilden halsstarrigen Erbprinzen von Dessau im höchsten Grade beunruhigt wurden, offen erklärte, daß Apothekers Anna seine Frau werden müsse, es möge kommen, wie es wolle.

Um ihn daher von dieser Jugendthorheit, wie man es nannte, zu heilen, ward Leopold mit seinem Hofmeister Chalisac einige Jahre auf Reisen geschickt; sein erster Gang aber, als er aus Frankreich und Italien zurückkehrte, war nicht zu seiner Mutter, sondern zu seiner Anna=Liese, wie er die Geliebte nannte, welche die Namen Anna Louise führte, und als man ihn auf diese eifersüchtig zu machen suchte, erstach er im Jähzorn den Unschuldigen, welchen man verdächtigte, daß er sich der besonderen Gunst der schönen Apothekers=Tochter erfreue, und flüchtete nach dieser Unthat als Freiwilliger in die Kurfürstlich=Brandenburgische Armee, da der Kurfürst als Oesterreichs Verbündeter an dem Kriege gegen Frankreich Theil genommen hatte, erstürmte Namur und kam im 20. Jahre, zum General=Major avancirt, nach Dessau zurück, wo er im Jahre 1698, mündig geworden, die Regierung seines Landes übernahm und seine Anna heirathete, für welche er vom Kaiser Leopold die reichsfürst= liche Würde erlangt hatte, die auch auf seine Kinder forterbte.

Wenn dieser Fürst nicht im Felde, am Hofe zu Berlin oder bei seinem Regimente in Halle war, so verweilte er auf kurze Zeit in Dessau, weniger des Verwaltungswesens seines Landes, als der Jagd wegen, die er leidenschaftlich liebte, und durch den übermäßigen Wildstand, welcher auf seinen Befehl gehegt wurde, seine Unterthanen auf das Härteste drückte, da Niemand es wagen durfte, das, die Gärten und Felder verheerende, Wild mit Knütteln oder anderen Abwehrungsmitteln zu verjagen, und diejenigen, welche Feuerwaffen dagegen brauchten, jahrelange Zuchthaus= strafe zu verbüßen hatten. Gegen seine Gemahlin hegte der Fürst stets hohe Achtung und herzliche Zuneigung und lebte in seinen häuslichen Verhältnissen sehr glücklich; all= gemein aber wurde die Klugheit bewundert, mit welcher die Fürstin diesen wilden Feuerkopf beherrschte, ohne daß es diesem je fühlbar wurde.

„Aber lieber Wilhelm!" rief der alte Hofgärtner, als der erste und mächtige Eindruck des Wiedersehens vorüber und der Sohn lächelnd auf Vater und Mutter schaute, deren Blicke voll Freude und Stolz auf ihm hafteten — „Du bist schrecklich gewachsen und" — dabei zeigte sich eine Falte stiller Sorge auf der heiter geglätteten Stirn des glücklichen Vaters, denn der Fürst Leopold wurde an dem Tage, an welchem der Sohn zurückgekehrt, von Halle aus erwartet und wollte dem Vernehmen nach längere Zeit in Dessau verweilen — „fast möchte ich wünschen, daß, ehe Dich Serenissimus zu Gesicht bekommt, wir uns des Schutzes unserer edlen Fürstin versichern, damit Sr. Durchlaucht Dich nicht für sein Regiment verlangt, welches aus den längsten Grenadieren der preußischen Armee besteht, da derselbe, wie der neue Preußenkönig, an großen Leuten ein absonderliches Wohlgefallen findet."

„Davon habe ich in Holland auch gehört," entgegnete lachend der Sohn. „Aber ich denke doch, daß er den Sohn seines Hofgärtners nicht gleich unter die Soldaten stecken wird, was weder den batavischen noch englischen Werbern geglückt ist."

„Ach, Wilhelm," fügte die Mutter ebenfalls besorgt hinzu, „der schont Niemand, und was er sich in den Kopf gesetzt, das muß geschehen; daher wird es wohl besser sein, wir stellen Dich heute noch, ehe der Durchlauchtigste eintrifft, unserer Fürstin vor, denn nur die kann Dich schützen."

„Aber wenn wirklich Gefahr vorhanden," sprach ernster der Sohn, „dann wäre es wohl besser, ich packte meine kleinen Habseligkeiten zusammen und sputete mich, sobald wie möglich zum Lande hinauszukommen, denn mich unter das rohe Kriegsvolk stecken zu lassen und dem Korporalstock mich zu beugen, habe ich auch nicht die mindeste Neigung."

„Das sollst Du auch nicht, Du sollst hier Hofgärtner werden, und darum wollen wir uns bei Zeiten vorsehen, denn besser verwahrt als beklagt," entgegnete der Vater.

„Das werde ich besorgen," rief die Mutter entschlossen. „Die Durchlauchtigste kommt jeden Vormittag an unserer Wohnung vorbei und spricht freundlich mit uns; sie wird auch heute an solch' einem schönen Morgen bald im Garten erscheinen, und da stelle ich Dich ihr vor und bitte sie, Dich in ihren Schutz zu nehmen."

„Dort kommt sie schon!" sprach der Hofgärtner, welcher an das Fenster der kleinen, freundlichen Wohnung getreten war, die am Eingange des fürstlichen Lustgartens lag und welche durch das üppige Laubwerk eines Weingeländers wie von einem grünen Teppich überzogen war.

„Das ist ein Fingerzeig des Himmels!" entgegnete die Mutter, nahm, ihre Haube in Ordnung bringend, den Sohn bei der Hand und eilte mit diesem zur Thüre hinaus der näher kommenden Fürstin entgegen, während der Hofgärtner eilig seinen Sonntagsrock anzog und Beiden folgte. —

Die Gemahlin des Fürsten Leopold zählte zu jener Zeit, in welcher diese kleine Erzählung spielt, fünfunddreißig Lebensjahre und war eine sehr hohe, stattliche Frau, in deren mildem, freundlichen Antlitze die frühere jugendliche Schönheit unvertilgbar sich zeigte, während die Sorgen und Mühen, welche ihr oblagen, der Verwaltung des kleinen Ländchens und dessen oft hart gedrückten Unterthanen sich warm und

hilfreich anzunehmen, ihren Zügen einen ernsten Ausdruck
beigemischt hatte, und es sprach die Charakterstärke, die sie
schon als Kind an den Tag gelegt und mittelst welcher sie
später den oft tollen Launen ihres Gemahls entgegengetre=
ten war, auch aus den Blicken ihrer dunklen, schwarzen
Augen, in denen zugleich unverkennbare Herzensgüte auf=
leuchtete. Sie hatte das alte Ranke'sche Ehepaar schon seit
Jahren liebgewonnen und von dem Hofgärtner in der
Botanik und der Pflege der Blumen, welche sie besonders
liebte, viel gelernt und mit dessen Gemahlin sich gern
unterhalten, da diese sie nie mit Redegeschwätz belästigte
und stets die ehrerbietigste Zurückhaltung zeigte.

Als sie daher die Eltern mit dem Sohne erblickte, blieb
sie stehen und winkte den sich tief Verbeugenden, näher zu
treten.

„Da ist ja wohl endlich der holländische Kunstgärtner
eingetroffen," begann die Fürstin, freundlich ihren Blick auf
den jungen Mann heftend.

„Ihrer Durchlaucht zu Befehl, und der erste Schritt, den
er hier wagt, ist, sich seiner hohen und gütigen Gebieterin
vorzustellen und deren Huld für sich zu erflehen," entgegnete
dieser, ehe seine Eltern das Wort ergreifen konnten und
ohne der Fürstin gegenüber verlegen zu werden.

„Nun, es freut mich, daß Er wieder in's Vaterhaus
zurückgekehrt," entgegnete die Fürstin, „und ich wünsche, daß
Er nun seinem alten Vater fleißig zur Hand gehe, da Er
doch die Hoffnung hegt, hier später dessen Stelle zu er=
halten."

„Es ist dies mein höchster Wunsch," entgegnete der

junge Ranke und verbeugte sich tief vor der hohen, schönen Frau, die ihn mit Wohlwollen betrachtete.

„Aber damit er dieser Gnade auch theilhaftig werden könne," begann jetzt die Mutter desselben, „bitten wir Ew. Durchlaucht inständigst, sich unseres Sohnes huldreich anzunehmen, denn er wird Höchstdero Schutz um so nöthiger haben, als er leider erschrecklich gewachsen ist, seit er Dessau verlassen hat."

„Jawohl, durchlauchtigste Fürstin," setzte der alte Hofgärtner bittend hinzu, „denn er schwebt in großer Gefahr, wenn Serenissimus, der absonderlichen Gefallen an großen Leuten hat, ihn erblickt, und Ihrer Durchlaucht Protection ihm nicht zu Hilfe käme."

Die Fürstin schien anfänglich über die in so besorgtem Tone vorgebrachte Bitte etwas überrascht, als sie aber den jungen Mann etwas aufmerksam betrachtete und mit ihren Blicken vom Kopf bis zum Fuße gemessen hatte, entgegnete sie lächelnd: „Allerdings, Er ist sehr hoch emporgeschossen, und wenn mein Herr und Gemahl ihn erblicken wird, könnte es wohl sein, daß ihn die Lust anwandle, Ihn als Flügelmann für sein stattliches Regiment anzuwerben; wenn Er aber keine Neigung zum Kriegsdienst in sich spürt und sein Metier Ihm über Alles geht, dann giebt es nur einen Weg, Ihn vor der Mousquet zu retten, und das ist der, Ihn jetzt sofort zum Hofgärtner an Stelle seines Vaters zu ernennen, da ich hinsichtlich seines Lebenswandels und Seiner Brauchbarkeit als Gärtner bisher nur Lobenswerthes vernommen!"

„Gott segne Ihre Durchlaucht für dieses Trosteswort!" rief der alte Hofgärtner, tief gerührt durch diesen Beweis huldvoller Theilnahme, und küßte ehrfurchtsvoll die Hand der gütigen Fürstin.

„Still, still, Ihr guten Leute," entgegnete freundlich die edle Gemahlin Leopold's, als sie sah, wie Mutter und Sohn, um ebenfalls ihren Dank auszusprechen, sich ihr näherten. „Bleib' Er heute fein still im elterlichen Hause, damit Ihn keine der im Schlosse wohnenden, oder ab= und zugehenden Personen erblickt. Morgen früh, wenn mein Herr und Gemahl von Halle zurückgekehrt ist, und welchen ich jeden Augenblick erwarte, will ich Ihn als den neuen Hofgärtner vorstellen. Es hat Ihn doch bis jetzt noch Niemand von den Hofleuten zu Gesicht bekommen?"

„Doch, Ihro Durchlaucht," entgegnete nach kurzem Nachsinnen der junge Ranke. „Als ich in's Schloß eintrat, begnete mir ein Officier der Wache, der, wie mir erst jetzt auffällt, mich mit einem seltsamen Lächeln anschaute."

„Das ist nicht gut," bemerkte die Fürstin. „Indeß laß Er sich d'rum nicht bange sein, und wenn mein Gemahl Ihm befehlen läßt, vor ihm zu erscheinen, ehe ich wegen Seiner Anstellung mit demselben habe sprechen können, so mache er sich nur getrost auf den Weg, ich werde schon zur Hand sein, ehe es sich zum Schlimmsten wendet."

Das Elternpaar nebst dem Sohne wollte nochmals ihren Dank für diese Zusicherung aussprechen, allein die Fürstin verhinderte dies durch eine abwehrende Handbewegung und setzte ihren unterbrochenen Spaziergang fort.

Erwartungsvoll und nicht ohne stilles Bangen sahen der alte Hofgärtner und dessen Frau von Stunde zu Stunde der Ankunft des Fürsten entgegen, welcher jedoch erst mitten in der Nacht in Dessau eintraf, aber des andern Morgens früh 9 Uhr schon einen seiner Diener mit dem Befehl in die Hofgärtnerwohnung sandte, den jungen Ranke nach dem Schlosse zu bescheiden, wo diesem die Ehre zu Theil werden sollte, Sr. Durchlaucht vorgestellt zu werden.

„Ach, Du mein Himmel!" rief erschrocken der alte Hofgärtner, „nun ist all' unsere Hoffnung zunichte, denn sicher hat diesmal unsere gute Fürstin ihren Willen nicht durchsetzen können, sonst hätte sie uns gewiß einen Boten gesendet."

„Aber Ihr seid auch zu ängstlich Vater," entgegnete der Sohn, welchem es an Muth und Entschlossenheit nicht fehlte. „Der Herzog wird mich doch wahrlich nicht mit Gewalt festhalten, und vielleicht hat die Fürstin ihn auch schon von Allem unterrichtet."

„Wohl uns, wenn dem so wäre!" seufzte die Mutter, während der junge Ranke, der bereits, vollständig angekleidet auf einen solchen Befehl vorbereitet war, dem Diener folgte, welcher ihm in einem Zimmer des Schlosses zu warten befahl, bis der Fürst erscheinen würde.

Wenige Augenblicke darauf trat auch Fürst Leopold ein, welchem seine Gemahlin folgte, die huldvoll ihrem Schützling zulächelte und ihm anzudeuten suchte, daß er nichts zu befürchten habe.

Fürst Leopold war lang und hager und sein ganzer Körperbau gab den Charakter der Derbheit und Festigkeit kund. Seine Gesichtszüge, wenn er in Zorn gerieth, erregten Furcht und Entsetzen, bei guter Laune aber flößten sie Vertrauen ein und ließen auf Neigung zur Heiterkeit schließen, obgleich seine Stimme rauh und durchbringend und sein Gesicht von Pulverdampf und Sonnengluth geschwärzt,

durch einen langen Zwickelbart ein noch martialischeres
Ansehen erhielt, seine Kleidung aber war so einfach, wie
die eines gewöhnlichen Soldaten, und sein Haupthaar fiel
ihm ungeordnet auf beiden Seiten herab, während er, allen
Perrücken Feind, sein eignes schwarzes Haar in einem
starken mit Band umwundenen Zopf trug.

Der Fürst war an jenem Tage nicht eben in der besten
Stimmung, denn er hatte, wie dies mehrfach schon vorge=
fallen, mit dem Magistrat der Stadt Halle einen ernsten
Konflikt gehabt, da er die Rechte und Privilegien derselben
nicht im Geringsten achtete und der Ansicht war, daß, was
er für sein Regiment von der Stadt verlange, ihm auch
gewährt werden müsse. So hat er zu wiederholten Malen
begehrt, daß die Linden, mit welchen der Domplatz be=
pflanzt war, und wodurch derselbe für die Bürgerschaft einer
der besuchtesten Sammelplätze geworden, auf welchen man
sich nach den Feierabendstunden und des Sonntags traf, um=
gehauen werden sollten, damit er sein Regiment darauf
exerciren lassen könne; aber Rath und Bürgerschaft hatten
dieses Ansinnen jedesmal entschieden zurückgewiesen, und
der Fürst, welcher von dem, was er einmal verlangen wollte,
sich nicht abbringen ließ und über den zähen Widerstand
der Bürgerschaft ergrimmt, sich dafür rächen wollte, ließ
seinen Soldaten unter die Hand geben, daß sie keine Strafe
zu erwarten hätten, wenn sie alle auf dem Domplatz stehen=
den Bäume in einer Nacht aus dem Wege schafften; und
des andern Tags darauf, als dies ausgesprochen worden
war, fanden die Bürger der Stadt Halle ihre Lieblings=
promenade all' ihrer Bäume beraubt und bald darauf zu
einem Exercirplatz umgewandelt, auf welchem das Regi=

ment Anhalt-Dessau in Compagnien und Bataillonen seine
Uebungen abhielt.*)

Der Magistrat der Stadt, wohl wissend, daß in Berlin auf eine Beschwerde gegen den damals schon berühmten Feldherrn der preußischen Armee nichts zu hoffen sei, mußte sich diese Gewaltthat schweigend gefallen lassen. Dagegen erhielt Fürst Leopold, ehe er an jenem Tage nach Dessau zurückgekehrt war, ein von Berlin aus mit einem räthselhaften heraldischen Siegel versehenes Schreiben ohne Namensunterschrift, in welchem er eben nicht vortheilhaft geschildert wurde, und worin es unter Anderem hieß:

"Dieser gewaltige Feldherr, der für nichts auf Erden Sinn hat, als für Krieg, Soldatenwirthschaft und Jagd, ist ein Feind aller Künste und Wissenschaften und eine Geißel der Menschheit, dem alle feinere Bildung verhaßt ist, weil sie ihm abgeht. Er sucht die Deutschheit in wildem, unbändigen Trotz und behält im achtzehnten Jahrhundert die Rohheit eines Hermunduren. Seine Bravour und sein militärischer Valor haben ihm in Berlin großes Ansehen verschafft, doch fürchtet man ihn mehr als man ihn liebt. Das preußische Heer verdankt ihm römische Mannszucht und eiserne Ladestöcke, aber auch unmenschliche Prügel und gottloses Fluchen. Sein Stock ist sein Scepter, alle ihm Untergebenen sind geplagte Sclaven seiner Launen, sein Ländchen ein Wildgarten zum Ruin seiner Unterthanen und sein Adelstand ohne Grundbesitz, den er ihm entrissen nach eigenmächtiger Abschätzung."**)

*) Geschichtlich wahr; s. Bauer, Biographien ausgezeichneter Menschen ꝛc. I. Bd. S. 123.
**) Geschichtlich wahr, denn Fürst Leopold riß allen größeren Grundbesitz an sich, bezahlte denselben nach der von

So viel er vorher gelacht, als er die über die barbarische Verwüstung ihrer schönen Lindenpromenade entsetzte und entrüstete Bürgerschaft am anderen Morgen in Gruppen versammelt gesehen hatte, und so sehr ihn auch deren ohnmächtige Wuth ergötzte, so erbittert war er über diesen anonymen Schmähbrief geworden, dessen Verfasser er unter den Professoren der Universität zu entdecken hoffte, die er ebenfalls oft sehr rücksichtslos behandelte und hoch und theuer hatte er geschworen, daß wenn er den, wie er sich ausdrückte, verdammten Federfuchser herausbekomme, möge derselbe sein, wer er wolle, er ihn züchtigen lassen werde, daß er in seinem Leben keinen Gänsekiel wieder in die Hand nehmen solle. Aber alle seine Forschungen blieben erfolglos, der Schreiber dieser Schmähschrift war nicht zu entdecken und, aufgebracht darüber, war er in der Nacht nach des jungen Ranke Ankunft in Dessau angekommen, wo ihm früh beim Rapport der kommandirende Officier der Schloßwache gemeldet, daß des Hofgärtners Sohn, ein baumlanger junger Mann, aus der Fremde zurückgekommen sei und sich im Hause seines Vaters befinde, worauf Fürst Leopold sofort befohlen, daß er ihm vorgestellt werde.

Die Fürstin, welche dies mit angehört und ihren Gemahl zu genau kannte, um zu wissen, daß, da derselbe einmal von der Anwesenheit ihres Schutzbefohlenen in Kenntniß gesetzt sei, sich jetzt auch weiter nichts thun lasse, als abzuwarten, wie diese Vorstellung ausfallen würde, hatte dabei erklärt, daß sie dieser Audienz auch beiwohnen wolle, worauf

---

seiner Rentkammer angegebenen Taxe, und wer ihm denselben nicht gutwillig abtrat, den suchte er so lange durch Einquartirungslast ꝛc. zu torquiren, bis er seinen Willen erreicht hatte.

Leopold, der so leicht in Zorn gerieth, seiner Gemahlin gegenüber bald wieder heiterer Laune wurde, lachend ausgerufen hatte: „Ja, Anna, Du bist ein braves Soldatenweib und sollst mit Musterung halten!"

„Er ist also fünf Jahre von Dessau weggewesen?" fragte der Fürst jetzt den jungen Ranke, nachdem er ihn scharf angeblickt. „Was hat Er während dieser Zeit getrieben?"

„Ew. Durchlaucht," entgegnete der Gefragte fest und laut, „ich habe mich als Gärtner zu vervollkommnen gesucht und in Holland Vieles gelernt, was mir in der edlen Blumenpflege noch neu war."

„Hat Er nirgends Kriegsdienste genommen?"

„Nein, Ew. Durchlaucht, ich habe nur meiner Kunst gelebt."

„Ach was, Kunst!" fuhr ihn Leopold barsch an. „Seine Blumen und Kräuter kann jede alte Frau pflegen, die Spielerei wird Er nun bei Seite legen, denn unser Herrgott hat Ihn ja wie zum Grenadier geschaffen, darum soll Er auch der Gunst sich erfreuen, in mein Leibregiment einzutreten!"

„Durchlauchtigster Fürst," sprach der junge Ranke ehrerbietig aber unerschrocken. „Ich tauge nicht zum Soldaten und bin nach Dessau nur in der Hoffnung zurückgekehrt, durch Ew. Durchlaucht gnädiges Wohlwollen die Stelle meines alten Vaters zu erhalten, der über vierzig Jahre dem hochfürstlichen Hause Anhalt-Dessau treu gedient."

„Ach was!" rief Leopold und stampfte mit dem Fuße, während seine Stirn sich mit einer drohenden Röthe bedeckte. „Halte Er das Maul mit seinem Gärtnerkram,

Hofgärtner kann Er nicht werden, wenn Er nicht dem Vaterlande gedient. Kann Er lesen und schreiben?"

„Lesen, Schreiben, Rechnen und Latein," entgegnete der Gefragte, dem die Fürstin durch Blick und Wink neuen Muth einflößte.

„Latein braucht Er nicht, das ist Unsinn! aber mit dem anderen Grieskram kann Er es bis zum Feldwebel bringen, und vielleicht noch höher," fuhr Leopold fort, der an der Unerschrockenheit des jungen Mannes Gefallen zu finden schien. „Der Krieg wird bald wieder losgehen, da geht Er mit, und wenn es Ihm nicht an Bravour fehlt, wer weiß, wie hoch Er avanciren kann, denn nur dem Tapferen steht der Weg zur höchsten Würde offen, aber nicht solch' einem Zwiebelpeter, wie Er es bleiben will, das merk' Er sich!"

„Aber, lieber Leopold," begann hierauf die Fürstin und legte vertraulich ihre Hand auf des Fürsten Arm. „Das wird wohl nicht gehen, daß Du den jungen Ranke mit in's Feld nehmen willst, denn mir fällt eben ein, daß ich dem alten Hofgärtner, der uns so lange ein treuer, zuverlässiger Diener war, versprochen habe, wenn sein Sohn zurückkäme, ich dafür sorgen würde, daß Du mir erlaubst, denselben zum Hofgärtner an des Vaters Stelle zu ernennen, und wenn Du mich nicht zur Lügnerin machen willst, darfst Du ihn nicht unter die Soldaten stecken, obwohl ich auch einsehe, daß er wie zum Flügelmann geschaffen ist."

„Aber Donnerwetter, Anna, da hast Du ja einen verdammt dummen Streich gemacht!" schrie der Fürst, wild sich mit den Händen in die Haare fahrend und so heftig mit den Füßen stampfend, daß dem jungen Ranke ernstlich bange wurde. „Nichts da, nichts da!" fuhr er polternd fort, „kann Dir diesmal nicht helfen, Anna, Soldat muß er werden, denn es wäre eine Sünde und Schande, wenn so ein großer, starker Kerl vom Königsdienste frei blieb!"

„Nun vielleicht ließe sich dies vereinen," entgegnete die Fürstin, die ihren Gemahl genau beobachtete. „Hofgärtner muß er werden," fügte sie fest und entschieden hinzu, „denn der Fürst Leopold von Anhalt=Dessau wird seine Anna den alten braven Leuten gegenüber nicht blamiren, die auf mein Wort so fest wie auf die Bibel bauen. Aber damit Du auch Deinen Willen hast, soll Dein Hofgärtner, so wie Du mich mit Deiner Gegenwart in Dessau beglückst, während Deines Aufenthaltes hier täglich zwei Stunden vor Deinem Zimmer Wache stehen!" —

„Du bist wohl toll," rief Leopold lachend, denn die Idee schien ihm zu gefallen. Allein bald wieder zog er die Stirn in finstere Falten und rief, sich nach dem Hofgärtnerssohn wendend: „Verfluchte Geschichte — na, gut denn, diesmal mag's so sein, aber exerciren muß Er, davon kann Ihn kein Teufel befreien!"

„Auch das soll geschehen," sprach die Fürstin begütigend und setzte, den jungen Gärtner fragend, hinzu, „Er wird, was dazu gehört, wohl bald capiren?"

„Ihre Durchlaucht, ich werde mit dem größten Eifer mich diesem Studium widmen", entgegnete derselbe, dem bereits genügend bekannt, wie viel der Fürst auf das Ein= exerciren der Soldaten hielt, und nahm dann eine gerade, steife Richtung an und fragte, dem Fürsten fest in das Ge= sicht blickend:

„Wann befehlen Ew. Durchlaucht, daß dies Exercitium beginne?"

„Morgen früh 9 Uhr," brummte der Fürst und entfernte sich im Stillen, ärgerlich darüber, daß er diesmal so leicht nachgegeben und dadurch einen der schönsten Grenadiere für sein Regiment verloren; der junge Gärtner aber eilte, nachdem er auf das Tiefste und Innigste gegen die gütige Fürstin seinen Dank ausgesprochen, zu seinen ängstlich ihn zurückerwartenden Eltern, die nun erst sich wahrhaft seiner Rückkehr erfreuten.

Am andern Morgen begann für den jungen Ranke in der Uniform eines Grenadiers der Dessauischen Haustruppen zum ersten Male der Unterricht auf dem Exercirplatze; glücklicher Weise aber rief der Krieg, in welchen Preußen mit Karl XII. von Schweden verwickelt wurde, bald darauf den Fürsten in's Feld, wo er den Oberbefehl übernahm, Rügen und Stralsund eroberte und zum preußischen General-Feldmarschall ernannt wurde. In dem Glückwunsche, welchen die Fürstin ihm deshalb übersendete, bat sie aber auch in heiter scherzender Weise um den Abschied des neuen Hofgärtners aus der Dessauischen Armee, welches Leopold auch genehmigte und ihr nach seiner Rückkehr entdeckte, daß er lange den Plan gehegt, den jungen Ranke heimlich wegfangen zu lassen und ihn in sein Regiment einzureihen, aber nur ihr zu Liebe davon abgesehen habe.

Die edle Gemahlin Leopold's, welche am Tage der Indienstsetzung des neuen Hofgärtners in den Freudenthränen und Dankesergießungen des alten glücklichen Elternpaares reichen Lohn für ihren gütigen Schutz sah, die sie dem Sohne desselben hatte angedeihen lassen, hatte da=

durch in demselben einen eben so treuen Diener als kenntnißreichen Hofgärtner erhalten, welcher sich später auch der besonderen Gnade des Fürsten erfreute, der ihm aber oft sagte:

„Nun ist er Hofgärtner Zeit seines Lebens. Er Esel, als Soldat hätte Er's noch weiter gebracht!"

———

III.

Die Gräfin zur Lippe.

Während im Jahre 1638 die Mark Brandenburg, Pommern, Hessen, Sachsen und Böhmen der blutige Schauplatz der wilden Kriegsfurie war, welche dreißig Jahre lang die deutschen Lande verwüstend durchzog, und im wechselnden Glück die Heere Oesterreich's, Sachsen's und Baiern's gegen Schweden und dessen Verbündeten kämpften, wurden viele der kleinen wehrlosen deutschen Lande auch noch von den Raubzügen frecher Abenteurer auf das Aergste heimgesucht. Darunter auch das Land Lippe, das Stammland eines, seit Jahrhunderten herrschenden Dynastengeschlechts, nebenbei noch durch einen Erbfolgestreit und den darausfolgenden Verwirrungen den härtesten Drangsalen preisgegeben, war die rechtmäßige Herrscherin bittern Trübsalen unterworfen.

Im Monat Juli des Jahres 1638 befand sich eines Nachmittags die regierende Gräfin zur Lippe, Katharine, die Tochter des regierenden Grafen von Waldeck, in einem Zimmer des Schlosses zu Detmold in ernster Berathung mit zwei Herren in ritterlicher Amtstracht. Die Gräfin, eine junge schöne Wittwe von 26 Jahren, in der Kleidung tiefer Trauer um ihren im Monate März desselben Jahres verstorbenen Vater, hatte mit seltenem Muthe und männlich festem Character ihr und ihrer Kinder Rechte gegen die Anfeindungen und gewaltthätigen Handlungen der habgierigen und rachsüchtigen Brüder*) ihres am 28. August 1636 verstorbenen Gemahls, des regierenden Grafen Simon zur Lippe, vertheidigt, welche sofort nach dessen Tode sich in den Besitz des Landes zu setzen gesucht und mit Gewalt die Regierung an sich gerissen hatten.

Katharine blickte jetzt von ihrem Lehnsessel aus, auf welchen sie sich nach längerer Berathung und von Sorgen und Kummer erschöpft, gestützt, auf die vor ihr an einem mit Schriften bedeckten Tische sitzenden Herren, den vormundschaftlichen Rath Hermann Hunold und den Vicekanzler Dr. Tilhen, die beiden einzigen ihr offen treu gebliebenen höheren Beamten, welche nur selten und stets Gefahr laufend, von den Schloßwachen festgehalten zu werden, zu ihr gelangen konnten.

„Ich kenne Eure treue Ergebenheit für mich und meine Kinder," begann die Gräfin nach einer eingetretenen Pause, „und pflichte Eurem Rathe bei, meine beiden ältesten Söhne, obwohl diese erst sechs und fünf Jahre alt, nicht länger

---

*) Graf Johann Bernhard, Graf Heinrich Otto, Graf Hermann Adolph zur Lippe.

unter meiner Obhut zu behalten, und da meine Peiniger heute abwesend und der Weg zu meinen Gemächern für Euch durch die Gartenpforte offen, sendete ich nach Euch, denn noch heute Vormittag hat mir Graf Bernhard vor seiner Abreise nach Paderborn gedroht, mir meine Kinder mit Gewalt zu entreißen, wenn ich nicht in Güte ihm dieselben überlassen wolle, da ihm über seines Bruders Kinder, als dem ältesten Grafen des Hauses Lippe die Vormundschaft gebühre, und so muß ich diese denn, um ihres eignen Wohls und Heils willen, sie, die mir das Theuerste auf Erden, unter einen mächtigeren Schutz stellen, als ich, die eigene Mutter, ihnen gewähren kann."

„Darum wird Ew. Erlaucht Vetter, der Landgraf Georg von Hessen-Darmstadt, derjenige sein, welcher am bereitwilligsten Euch dieser Sorge überheben kann und will," entgegnete Rath Hunold, „da er selbst gar arg erzürnt ist über das freche Treiben Eurer Schwäger und obgleich im eignen Lande jetzt von Kriegsnoth geplagt, hat er einen starken Reiterhaufen nach Rinteln und Lemgo gelegt, Euch zu Hilfe zu eilen, sobald Graf Bernhard es wagen sollte, Euch gewaltsam aus Eurer Hofburg zu treiben."

„Auch ist," fügte der Vicekanzler Dr. Tilhen hinzu, „der Herr Landgraf als von Euch erwählter und vom Reichskammergericht zu Speier bestätigter Vormund Eurer Kinder verpflichtet, über seine Mündel zu wachen und diese im Schlosse zu Darmstadt am sichersten zu bergen."

„Von meines ritterlichen Vetters Theilnahme für mich bin ich genügend überzeugt," sprach die Gräfin „und es wird nur darauf ankommen, wie die Kindlein aus dem Schlosse in die Hände der Boten des Landgrafen gelangen können, ohne daß es Graf Bernhard gewahr wird, der sie nimmermehr freiwillig von hier fort läßt."

"Dies überlaßt mir, Ew. Erlaucht," entgegnete Rath Hunold, „die Gelegenheit dazu wird sich in nächster Zeit finden, und alle nöthigen Vorkehrungen dazu sind bereits getroffen."

"So schütze der Himmel Euer Beginnen," rief Katharine tief aufathmend. „Weiß ich meine Kinder gesichert, o, dann will ich gern alles nicht abzuwendende Ungemach ertragen, was mich täglich so unverschuldet trifft. — Ihr aber, Herr Vicekanzler," fuhr sie zu Dr. Tilhen gewendet fort und übergab demselben ein versiegeltes Schreiben, „Ihr werdet Sorge tragen, daß dieser Befehl sicher und schleunigst in die Hand unseres treuen Stadthauptmannes zu Lemgo gelange."

"Ich werde sofort einen zuverläßigen Boten dahin absenden," entgegnete dieser und fügte ernst hinzu: „Wenn Ihr versucht Euch zu schützen durch List oder Gewalt gegen das räuberische Eingreifen Eurer Feinde in Eure Rechte, so rechtfertigt dies Eure hilflose Lage vor Kaiser und Reich; denn, was hat es genützt, daß das Reichskammergericht schon am 14. April 1637 ein Mandatum poenale durch öffentlichen Anschlag publicirt, wodurch Ihr als Vormünderin Eurer Kinder geschützt sein sollt? — Graf Bernhard hat es abreißen lassen und erklärt: er allein sei der rechtmäßige Vormund derselben. — Was hilft Euch des Kaisers Protectorat, worin Eure Rechte anerkannt werden, und ihr geschützt sein sollt gegen jede Anfeindung Eurer Vormundschaft, und man Euch aufgenommen „in des Reiches Vorspruch und Schirm?" — Nichts hilft es, denn wir haben keine kaiserlichen Soldaten zur Hand, um diesem Protectorium Geltung zu verschaffen, und die Euch treu gebliebenen Städte müssen sich selbst schützen gegen Eure Feinde, so wie die für Euch Partei genommenen Reichsfürsten nicht sicher sind im eigenen Lande vor der immer wilder entbrennenden Kriegsfackel."

„Und doch habe ich Alles versucht, um mich in Güte mit meinen Schwägern zu verständigen über Das, was zwischen uns einer Verständigung bedurfte!" rief mit hervorbrechendem Unwillen Katharine. „Aber zum Dank, daß ich die von London angekommenen Brüder meines hochseligen Gemahls gastlich in diesem Schlosse aufnahm, hat Graf Bernhard in seiner Brüder Auftrag und aufgehetzt durch Graf Otto zu Brake und den mir feindlich gesinnten Landdrost von Post zu Varnholz durch seine Creaturen von den Amthäusern und Städten des Landes Besitz genommen, meine Schloßwache verjagt, die schwache Besatzung der Stadt unter seine Anführer nach Burg Horn verlegt, und läßt mich nun, nachdem er auch die Schlüssel meiner Hofburg und aller öffentlichen Gebäude an sich genommen, durch seine Söldner wie eine Gefangene bewachen."

„Es wird eben dieser Gewaltstreich ihn selbst zum Falle bringen, Ew. Erlaucht," grollte Hunold, „denn wenn auch Eure Unterthanen durch seinen Anhang eingeschüchtert, hier in Detmold nicht offen für Euch aufzutreten wagen, so ist außerhalb Eurer Hauptstadt die Stimmung gegen ihn eine gar böse, die nur eines geringen Anlasses bedarf, um Eure Schwäger sammt den Helfershelfern mit Schimpf und Schande aus dem Lippe'schen Lande zu jagen."

„Auch weiß ich auf das Bestimmteste," fügte Dr. Tilhen

hinzu, „daß das Reichskammergericht seinen Protest verworfen, nach welchem er behauptet, daß dem Hochseligen Grafen Simon, Eurem edlen Gemahl nur ein Viertheil des Landes zugestanden habe, die übrigen drei Viertheile aber ihm und seinen Brüdern jure successionis zugefallen seien, denn es spricht dagegen der Einzugsvertrag des Grafen Simon III. vom Jahre 1368, durch welchen die Primogeniturfolge des Hauses Lippe begründet und vom Kaiser und Ständen wiederholt bestätigt wurde."

„Aber trotzdem wird meine Lage mit jedem Tage unerträglicher," klagte Katharine. „Man läßt mich Noth leiden an den unentbehrlichsten Bedürfnissen des Lebens, Ihr meine Räthe dient mir umsonst, und meine mir noch gelassene Dienerschaft hielt bei mir seit Jahr und Tag ohne Lohn aus; den Marstall, welcher reich an edlen Senner=Rossen, hat man mir geplündert, und dafür einige Ackerpferde eingestellt, die ich vermiethen muß an die Bürger Detmold's zu Stein- und Brettfuhren, um mir Kleidung und Unterhalt zu verschaffen."*)

„Leider!" zürnte Hunold, „ist es so weit gekommen durch diesen Entarteten des hohen Grafenhauses, der auch unser Vermögen mit Beschlag belegt und den Weg zu Euch uns verboten hat bei strenger Haft."

„Den wir aber noch werden fliehen sehen vor Euerm Zorn, so wie man jetzt schon in Useln und Lemgo seinen Abgesandten die Thore verschlossen," rief Dr. Tilhen mit erhobener Stimme. „Gewiß, wir werden die Zeugen Eures Glückes sein, wie wir jetzt Eure Seelengröße bewundern."

---

*) Historisch wahr, s. Faltmann, Beiträge zur Geschichte des Fürstenthums Lippe S. 21 fl. und Bülau, geheimnißvolle Geschichte rc. Bd. 2 S. 86 fl.

„Nun denn, Ihr Herren, möge uns die Zeit bald Erfreulicheres bringen, seid meiner Aufträge eingedenk und bleibt mir ferner in Treue zugethan wie bisher," sprach jetzt die Gräfin sich erhebend, welchem Beispiele ihre Räthe folgten und ihrer Gebieterin ehrfurchtsvoll die Hand küßten, die sie denselben huldvoll zum Abschied gereicht.

Als ihre Räthe sich entfernt, durchschritt Katharine in heftiger Aufregung das Zimmer und trat dann sinnend an ein Fenster, von welchem aus sich ihr die Aussicht in einen der kleinen Schloßhöfe darbot; mit bitterm Lächeln blickte sie auf zwei dort beschäftigte Schloßknechte, welche unter Aufsicht ihres Kastellans Bretter, Balken und altes Holzgerölle zersägten und zerschnitten, denn auch das Holz zur Heizung ihrer Gemächer und zur Feuerung in ihrer Küche war ihr in neuerer Zeit vom Grafen Bernhard verweigert worden. — Schon längst war, was die Gräfin nach ihres Gemahls Tode an baarem Gelde besessen, für die ihr treu gebliebenen Diener und für die ihr ergebene und unter dem Befehl des Stadthauptmanns zu Lemgo stehende Besatzung verausgabt worden, all' ihren Schmuck hatte sie edelmüthig versetzt, um dafür mehrere von den Schweden gefangen genommene Bürger Lemgo's auszulösen, die Einkünfte des Landes aber, durch Kriegs-Contributionen ohnehin geschwächt, flossen in die Säckel der Grafen, während Katharine die Einkünfte ihres Wittthums, der nur zwei Stunden von Detmold entfernt liegenden Herrschaft Horn, ihr vom Grafen Bernhard mit der höhnenden Antwort abgeschlagen wurden, daß sie dieselben nicht eher beziehen könne, bis sie Detmold verlassen habe und dort eingezogen sei.

Gegen dies Gebahren aber hatten sich mehrere der abwechselnd damals im Lande liegenden feindlichen Heerführer erklärt, unter diesen der kaiserliche Feldmarschall v. Vehlen, welcher verlangte, daß man die Gräfin ungestört im Schlosse zu Detmold belassen solle, und ihr die Einkünfte auszahlen müsse, welche sie aus ihrem Witthume zu beziehen habe. Graf Bernhard versprach es, hielt aber nicht Wort, als die Oesterreicher nach kurzer Zeit das Land wieder verließen.

Und doch bedurfte Katharine dringender als je Unterstützung an Geld, theils um sich in jener unruhigen und gefahrvollen Zeit Schutz und Hilfe zu verschaffen, theils um ihre arme, ihr treu gebliebene Dienerschaft nicht länger darben zu lassen, während ihre Schwäger durch die vom Lande expreßten Gelder die Zahl ihrer Anhänger vermehrten und durch die der Gräfin feindlich gesinnte Paderborn'sche Regierung *) mit Hilfsmitteln reichlich unterstützt wurde, um sich im Lande festzusetzen.

Diese Hilfe der Gräfin zu erwirken, erbot sich eine ihrer vertrautesten und treuesten Dienerin. Denn als die gräflichen Brüder mit zahlreichem bewaffneten Gefolge die Hofburg zu Detmold bezogen und die Gräfin in einen Seitenflügel des großen weitläufigen Schlosses verwiesen hatten, verabschiedete man auch den Hofstaat Katharine's und ließ ihr nur einige Mägde und Knechte zur Verrichtung der gewöhnlichen Hausarbeiten. Unter den entlassenen Hofdamen befand sich auch Fräulein Sophie von Griesheim, die Tochter eines hannoverschen Obersten, welche ihre Eltern frühzeitig verloren und als Gespielin der Gräfin mit dieser

---

*) Administrator des Bisthums Paderborn war der Kurfürst von Köln, welcher damals mit dem Hause Waldeck wegen der Herrschaft Pyrmont im Streite lag.

am Hofe zu Waldeck erzogen worden war. — Sophie hing
mit unbegrenzter Liebe und Treue an ihrer Gebieterin und
Freundin, welche sie gleich einer Schwester liebte, und als
man auch ihr erklärt hatte, daß sie das Schloß zu verlassen habe, indem man keine Mittel besitze, der Gräfin
so vornehme Dienerinnen zu halten und ihre Anwesenheit
in der Nähe derselben nicht dulden könne, faßte sie den
festen Entschluß, nach Hannover zu reisen, um am dortigen
Hofe für ihre Gebieterin um Unterstützung durch Geldmittel
zu bitten, wo man aufrichtige Theilnahme für die so schwer
geprüfte Herrin der Lippe'schen Lande kundgegeben, und
wiederholt aber vergeblich zur Sühne gesprochen, auch den
Grafen Bernhard ernst und drohend gewarnt, nicht ferner
frevelnd Katharine's Rechte zu verletzen und zu schmälern.

Nun war das Reisen zu jener Zeit, und besonders für
Damen, mit vielfachen Beschwerden verbunden und bei der
damaligen Unsicherheit der Straßen ein nicht kleines Wagniß.
Indeß die Hoffnung, ihrer fürstlichen Freundin Trost und
Hilfe zu bringen, verbannte Furcht und Bangen aus Sophie's Herzen. Ein Wort von ihr an ihren Verlobten,
den Stadthauptmann von Kalm in Lemgo genügte, um
diesen, welcher der Gräfin eben so treu und ergeben war,
als seiner Braut, mit welcher er in Katharine's Gegenwart
sich verlobt hatte, zu veranlassen, mit einer Anzahl Bewaffneter und einem Fuhrwerk vor den Thoren der Stadt
zu einer bestimmten Stunde zu halten. Wenn auch Kalm
die Verlobte nicht selbst begleiten konnte, da er in so
verhängnißvoller Zeit seinen Posten nicht verlassen durfte,
so hatte er doch zum Schutze der Geliebten die bravsten und
tapfersten seiner Leute auserwählt, welche diese in Begleitung

einer zuverlässigen Kammerfrau glücklich nach Hannover begleiteten, von wo aus sie, nachdem sie dort wohlwollend aufgenommen und mit bedeutenden Summen zur Erleichterung der drückenden Lage ihrer Herrin versehen worden war, in wenigen Tagen in Detmold wieder einzutreffen hoffte, und dann als glückliche Braut mit dem Manne ihrer Wahl sich zu vermählen, der in Lemgo mit dem Magistrat dieser einst zum Hansebunde gehörigen Stadt keck und standhaft alle Befehle des Grafen Bernhard, dessen Bevollmächtigten die Thore der Stadt zu öffnen und das gräfliche Schloß zu übergeben, unbeachtet gelassen hatte. Sonach war während jener Wirren dieser Platz der einzige, in welchem die Gräfin Katharine als Herrin des Landes galt, aber auch von dorther konnte sie kein Geld erhalten, da der Magistrat die an die gräfliche Landeskasse zu zahlenden Abgaben zur Rüstung und Vertheidigung gegen Katharine's Feinde verwenden mußte, und Bernhard, der Anfangs noch nicht Kraft genug besaß, hatte es nicht gewagt, gegen die ihm trotzende Stadt und die mit derselben verbündete Besatzung unter dem Befehl eines Katharinen treu ergebenen Kriegsmannes Gewalt zu brauchen. Er mußte dies auch später unterlassen, als in Lemgo und dessen Umgebung ein hessendarmstädtisches Dragoner=Regiment Quartier nahm, dessen Oberst Befehl hatte, dem Stadthauptmann von Kalm Hilfe zu leisten, wenn er deren im Dienste für die Gräfin zur Lippe bedürfe.

Als daher der nach Lemgo abgesendete Bote Detmold verlassen hatte, um dem Stadthauptmanne das an denselben gerichtete gräfliche Schreiben zu überbringen, fühlte Katharine seit langer Zeit zum ersten Male sich leichter um's Herz und sah ermuthigter den Ereignissen der nächsten Tage entgegen.

Auf der großen von Hannover nach Paderborn führenden Heerstraße, die hinsichtlich ihres oft grundlosen Weges, wie alle durch Westphalen und noch viele andere Länder des heiligen römischen Reiches führende Straßen bis zu Anfang des neunzehnten Jahrhunderts berüchtigt waren, — in Folge dieser grundlosen Beschaffenheit des dortigen Bodens fanden wahrscheinlich auch die Legionen des Varus ihren Untergang in dieser Gegend, — hielt an einem Nachmittage des Monats August des Jahres 1638 nahe einem Meierhofe zwei Stunden von der Stadt Detmold eine jener schwerfälligen Carossen, wie sie damals an fürstlichen Höfen, beim reichen Adel und den angesehensten Patriziergeschlechtern der Städte im Gebrauch waren. Mehrtägiger Regen hatte den fetten Lehmboden dieser Gegend so arg durchweicht, daß die Carosse, welche eine bewaffnete Reitertruppe zur Bedeckung hatte, oft bis an die Axen der Räder in die zum Morast gewordene Straße versank, und nun mit den Hinterrädern in eine Vertiefung gerathen, trotz aller Anstrengung der starken kräftigen Pferde nicht mehr von der Stelle zu bringen war.

In dem Wagen saß eine junge Dame in einen mit Pelz verbrämten Reisemantel gehüllt, neben einer ältlichen Begleiterin in der Tracht bürgerlicher Frauen damaliger Zeit, welche mehr Vertraute als Dienerin zu sein schien, und die jetzt, als das Fuhrwerk still hielt, den Vorhang des Wagenfensters zurückschob, dasselbe öffnete und den dicht neben der Carosse jetzt haltenden Anführer der Bewaffneten

in einem Tone, in welchem Ungeduld und Besorgniß sich
mischten, zurief:

„Aber Herr Wachtmeister, wir kommen ja seit einer
Stunde nicht von der Stelle. Wollt Ihr uns denn in dieser
unsicheren und bösen Zeit auf der Straße übernachten
lassen?"

„Ja, Frau Gertrud," entgegnete lächelnd der Wacht=
meister, ein alter bärtiger Dragoner, auf dessen Geheiß die
Reiter jetzt abstiegen, „auf solch' einer hundsföttischen
Straße muß sich selbst die Kaiserin gefallen lassen, sitzen
zu bleiben, wenn der Wagen nicht mehr fortzubringen ist.
Indeß," fügte er beruhigend hinzu, „habt keine Sorge, Ihr
kommt noch vor Anbruch der Nacht nach Detmold, aber
das gnädige Fräulein und Euch muß ich bitten, jetzt abzu=
steigen, und in dem glücklicher Weise nahen Gehöfte dort
einzutreten, bis wir den Wagen, der wohl gar dabei um=
schlagen kann, aus diesem verdammten Teufelsloche heraus=
gehoben haben."

„Wenn dem so ist, dann laß uns aussteigen," ertönte
die sanfte wohlklingende Stimme der jungen Dame, die
nun den Schleier dicht um ein rosiges Antlitz von lieblicher
Anmuth hüllte; worauf ihre Begleiterin heftig auf den
schlechten Weg und den ungeschickten Fuhrmann scheltend sich
eine schwere Reisetasche umhing, einen alten Tuchmantel über=
warf und ihrer Gebieterin folgte, die von den Reitern unter=
stützt, nach dem Feldweg gelangte, welcher zur Meierei führte.

„Ein Glück, daß wir die schlechteste Strecke dieser Morast=
straße hinter uns haben, denn sonst könnte die Befürchtung
der Alten wahr werden," brummte jetzt der Wachtmeister,
als die junge Dame mit ihrer Kammerfrau sich entfernt

hatte, und die Reiter nun mit Balken und Stützen aus dem Meierhofe zurückkehrten und den Wagen aus der Vertiefung herauszuheben versuchten.

Die junge Dame, welche den Besitzern des Hofes nicht fremd war, hatte unterdessen dort freundliche Aufnahme gefunden und stand nun nebst Gertrud an dem Fenster der Wohnstube, sehnsüchtig nach der Heerstraße schauend.

„Mich nimmt es Wunder," begann die Kammerfrau jetzt, als sie sah, wie in dem holden freundlichen Antlitz des Fräuleins ein Zug stiller Schwermuth sich bemerkbar machte, „ob uns nicht ein Bote unserer Herrin hier entgegen kommen sollte, ehe wir Detmold näher rücken. Denn," setzte sie grollend hinzu, „wie sonst, durch die weit geöffneten Thore der Hofburg, dürfen wir nicht mehr einziehen, selbst Ihr nicht, mein engelgutes Fräulein, die Ihr die rechte Hand Ihro Erlaucht seid, auch Ihr werdet Euch heute durch's kleine Ausfallpförtchen bis zu den Gemächern der regierenden Gräfin schleichen müssen."

„Vielleicht haben sich seit unserer Abreise die Verhältnisse unserer edlen Gebieterin günstiger gestaltet," entgegnete das Fräulein, während ein banges Seufzen diese Hoffnung Lügen strafte, und sie wehmüthig vor sich hin blickte.

„Das glaube ich nicht," rief die Kammerfrau. „Aber was giebt es denn dort," sprach sie bestürzt auf die Heerstraße deutend.

Erschrocken folgte die junge Dame den Blicken Gertrud's und sah, wie die Reiter Stützen und Stangen wegwarfen und nach ihren Pferden eilten, während die Leute aus dem Meierhofe, welche thätig zur Freiwerdung des Wagens mit Hand angelegt, eilend nach dem Hofe flüchteten. Zitternd öffnete die Dame das Fenster, aber mit einem Ausrufe freudiger Ueberraschung wich sie, von Purpurgluth übergossen, zurück, denn von Detmold her sprengte ein junger, schöner, kriegerisch gekleideter Mann von bewaffneten Reitern gefolgt, auf den Meierhof zu, bei dessen Annäherung die drohende Haltung der Dragoner schwand, und der, nachdem er mit dem ihn ehrfurchtsvoll grüßenden Wachtmeister einige Worte gewechselt, sich rasch vom Pferde schwang, dessen Zügel einem seiner Leute zuwarf und nach dem Hause eilte.

Der alte Wachtmeister aber sah ihm schlau lächelnd nach, indem die Reiter und Knechte sich wieder nach ihrer Arbeit wendeten und rief: „Nun wird es mit der Weiterreise wohl nicht so eilig sein und der Herr Stadthauptmann seiner schönen Braut die Langeweile des Wartens schon zu vertreiben wissen — frisch heran, ihr Burschen," rief er nun den neu angekommenen Reitern zu, „legt mit Hand an, damit wir hier fortkommen, vielleicht geht es nun besser."

Bereitwillig banden diese ihre Pferde fest, und nach mehrfachen vergeblichen Versuchen gelang es endlich, die Carosse auszuheben und von der gefährlichen Stelle zu entfernen.

In der kleinen Wohnstube des Meierhofes aber hielt der Stadthauptmann von Kalm seine Braut, das Hoffräulein Sophie von Griesheim, zärtlich umarmt, als die Bewohner desselben, nebst Frau Gertrud, welche ihn freudig begrüßt, das Gemach verlassen hatten und rief, die in lieblicher Verwirrung seine glühenden Küsse duldende Jungfrau stürmisch an seine Brust drückend: „Gott sei Dank, daß Du glücklich zurückgekehrt! Wie gut, daß ich Dich hier noch treffe!"

„Auch mir ahnte, daß ich Dich wiedersehen würde, ehe

die Thürme Detmold's sich uns zeigten," entgegnete die junge Dame, liebevoll zu dem jungen Manne aufblickend und sich nun sanft seinen Armen entwindend. „Aber fast begann ich zu fürchten, daß meine Ahnung mich getäuscht, und ein Gefühl von Bangigkeit übermannte mich, je tiefer die Sonne sank und je bemerkbarer die Schatten des Abends sich auf der Landschaft zu lagern begannen, und mein Ritter noch fern blieb."

„Ich glaubte schon, Dich der Stadt näher zu finden, die ich nicht gern vor Anbruch der Dunkelheit erreichen will," sprach der Stadthauptmann und umschlang von Neuem die Geliebte, welche den Reisemantel abgelegt, und deren schlanker Wuchs nun das herrliche Ebenmaß der lieblich ausgebildeten Formen vortheilhaft hervortreten ließ.

„Und fürchtest Du keinen Ueberfall von Seiten der Söldner des Grafen Bernhard?" fragte in banger Besorgniß die junge Dame, sich fester an ihn schmiegend.

„O, er hat deren zu viele nicht übrig, um auf den Heerstraßen patrouilliren zu lassen," entgegnete lachend der junge Mann, „wenigstens ist uns nicht einer seiner Reiter außerhalb der Stadt begegnet und es müßte denn schon eine starke Schaar sein, die uns anzugreifen wagte; indeß ist es so besser, da ich Dich nicht dem Schreck und der Angst Preis geben mag, mit welchen Dich ein solches Zusammentreffen erfüllen würde."

„Und wie steht es im Schlosse?" fragte Sophie erwartungsvoll.

„Für unsere Herrin nicht günstiger, als seit Du sie verlassen," sprach ernst der Stadthauptmann, „aber," setzte er rasch hinzu, „ich hoffe, daß in den nächsten Tagen sich die

Verhältnisse günstiger gestalten werden; überall spricht die Entrüstung über das unwürdige Gebahren der gräflichen Schwäger sich laut aus, und wie ich, von den Bürgern der Stadt unterstützt, Lemgo der Gräfin zu erhalten half, so haben seit den letzten Tagen auch Useln, Sternberg und Schmalenberg die Commissare der Grafen aus ihren Thoren getrieben, und nicht lange mehr wird Detmold der Stützpunkt ihrer Macht sein."

„Und auch mir ist mein Vorhaben gelungen," entgegnete Sophie. „Die Herzogin und deren Schwester haben mir eine nicht unbedeutende Summe in Gold und werthvollem Schmuck übergeben, welche unsere Gebieterin zur Erleichterung ihrer trübseligen Lage und zur Gewinnung neuer Freunde verwenden soll."

„Und ich habe in Lemgo aufgetrieben, was an Geld zu erlangen war in dieser argen Zeit, und kann der Gräfin eine hübsche Summe zur Verfügung stellen," sprach der Stadthauptmann; — „aber," setzte er hinzu, als er sah, wie die Reiter aufsaßen und der frei gewordene Wagen ohne Hemmung sich fortbewegte, „laß uns aufbrechen. Die Gräfin harret sehnlichst Deiner Rückkehr, nicht allein der Hilfe wegen, die Du ihr bringst, sondern um Deiner selbst willen, die sie schmerzlich vermißt hat, und" flüsterte er lächelnd, „die nun wohl weiß, daß ich Dich ihr nicht länger lassen würde, selbst wenn Du auch in der Hofburg noch weilen dürftest."

Und noch einmal die Geliebte an seine Brust drückend, welche bei den letzten Worten des Geliebten hocherröthend ihre Blicke liebevoll nach ihm richtete, verließen Beide den Meierhof, von dessen Bewohnern freundlich Abschied neh=

mend, und neben dem offenen Fenster der Carosse ritt der
Stadthauptmann nun im ernsten und innigen Gespräch mit
Sophien, welche nahe der Stadt mit Gertrud den Wagen
verließ, den die Bewaffneten nach Lemgo zurückführten,
während das Hoffräulein mit der Kammerfrau von ihrem
Verlobten begleitet, durch eine kleine geöffnete Pforte der
äußeren Ringmauer des Schlosses unbemerkt in den Theil
desselben gelangte, in welchem die gefangen gehaltene Gräfin
wohnte, die nun unter Thränen der Freude und des stillen,
tiefen Leides die glücklich zurückgekehrte treue Dienerin und
Vertraute in ihre Arme schloß.

Als die ersten Augenblicke des Wiedersehens vorüber und
die Gräfin Sophien Alles mitgetheilt hatte, was sie seit
deren Abreise Trübes und Kränkendes hatte ertragen müssen,
bemerkte Sophie, daß ihr Verlobter sich stillschweigend ent=
fernt hatte, die Gräfin aber, welche ihres Hoffräuleins
suchenden Blicken lächelnd gefolgt, ergriff deren Hand und
sprach, diese sanft drückend:

„Jetzt Sophie, mußt Du mir die Freude bereiten und
Dich im Nebengemach von Deiner Reisetracht befreien und
Dich so schmücken, als gelte es einem hohen Festtage, denn
als solchen betrachte ich den Tag Deiner Rückkehr! —"

„O, wäre nur alles Andere für Euch auch so erfreulich,
meine edle Gebieterin!" rief Sophie gerührt, „wie gern würde
ich Euren Wunsch erfüllen; aber so bedarf es des äußeren
Prunkes meiner Rückkehr wegen wohl nicht; was aber
freudig geschehen soll, wenn, der Himmel gebe, recht bald,
Ihr Eurer hohen Stellung würdig, wieder im Schlosse zu
Detmold als Herrin des Landes Lippe Euch zeigen könnt."

„Und doch muß ich darauf bestehen, Dich heute noch im

Festschmuck zu erblicken," entgegnete die Gräfin, Sophien's Stirn liebkosend und küssend. „Du findest alles dazu Nöthige bereit liegen und wirst es sicher nicht bereuen, mir diese Freude bereitet zu haben."

„Wenn es Euch erheitert, will ich es gern," sprach Sophie und blickte die Gräfin forschend an. „Doch gestehe ich, daß ich einen solchen Wunsch von Euch heute nicht erwartet, wo ich hoffte mit Euch ungestört und traulich plaudern zu können über das glückliche Ergebniß meiner Reise und wie viel der treuen Freundesherzen auch in der Ferne für Euch schlagen; denn wer weiß, ob Eure Schwäger, die mir eben auch nicht huldvoll gesinnt, mir morgen noch Zeit lassen werden, Euch ungestört anzugehören."

„Darüber laß uns heute nicht grübeln," entgegnete Katharine und drängte die Freundin in das Nebengemach, wo bereits Gertrud ihrer wartete.

Als die Thür sich hinter derselben geschlossen, griff die Gräfin nach der auf dem Tische stehenden silbernen Klingel, und bald darauf erschien in Begleitung des Rathes Hunold und des Vicekanzlers Dr. Tilhen der Stadthauptmann von Kalm, sämmtlich in festlicher Tracht.

„Seid mir willkommen, Ihr Herren, und nehmt meinen Dank, daß Ihr so pünktlich Euch eingestellt," begann die Gräfin mit leiser Stimme, sich zu den beiden Räthen wendend. „Ihr aber, mein tapfrer Hauptmann," fuhr sie fort, den jungen, schönen, im kriegerischen Schmucke so stattlich erscheinenden Mann wohlwollend betrachtend, „Ihr werdet gewiß gegen dieses Drängen nichts einzuwenden haben, durch welches Ihr Eure heißesten Wünsche um so früher erfüllt sehet. Bis jetzt hat noch kein Späher Eure und Sophien's

Ankunft im Schlosse entdeckt, und daher wollen wir, sobald die nichts ahnende Braut hereintritt, uns sofort in die Kapelle begeben, wo mein Hofprediger, dem man bis jetzt noch nicht den Eintritt in das Schloß zu verweigern gewagt, des Brautpaares wartet."

„Ihr trachtet so gern danach, Alle, denen Ihr wohl wollt, glücklich zu sehen, und doch ist Euch selbst das Glück so treulos!" rief gerührt der Stadthauptmann und drückte voll innigen Dankes einen Kuß auf die Hand der jungen, schönen und so schwer geprüften Fürstin.

„Lebten wir in ruhigen Zeiten," entgegnete Katharine ernst, „und wäre ich im Besitz meiner Macht, so würdet Ihr wohl noch länger Eure Verlobte mir zur Seite lassen müssen, da eine Schwester mir nicht theurer sein kann als Sophie, aber da ich selbst des Schutzes bedarf und diesen Eurer Braut nicht mehr gewähren kann, ist es meine Pflicht, ihr von dem Tage an, wo ich mich von ihr trennen muß, einen sicheren Schirm und Hort zu schaffen, und danken wollen wir dem Himmel, daß meine Peiniger heute Abend außerhalb des Schlosses bei einem Festgelage zubringen, welches deren Günstling, der Landdrost von Varenholz, ihnen zu Ehren giebt; denn wer weiß, ob nicht in den nächsten Stunden schon sie und ihr Anhang zurückkehren, und dann dürfte mein Lieblingsplan wohl unerfüllt bleiben. Daher fort, Ihr Herren, in der Kapelle finden wir uns wieder."

Und kaum hatten die Herren das Zimmer verlassen, als Sophie aus dem Nebengemach trat, in kostbarem Brautschmucke, ein herrliches Bild der Schönheit und Jugendfrische, und auf die Gräfin zueilte, die bei dem Anblicke derselben ein banges Seufzen nicht unterdrücken konnte, dann aber, sie zärtlich umarmend, mit weicher Stimme ihr zurief:

„Und nun folge mir, Du treues gutes Herz."

„Aber wohin, und was soll dies Alles?" fragte Sophie jetzt befremdet und suchte die Schritte der Gräfin zu hemmen.

Diese aber zog schweigend die Staunende fort in die nahe Kapelle, deren Thür bei dem Herannahen Beider sich öffnete, und deren im Kerzenglanz strahlender Altar sich zeigte, vor welchem der Hofprediger im Amtsornat harrte und seitwärts die Räthe der Gräfin und die Kammerfrau als Zeugen bereit standen.

Freudig erschrocken sank Sophie in die Arme des ihr entgegen geeilten Geliebten und mit einem Blicke des Dankes und Entzückens trat sie hocherröthend mit dem Geliebten vor den Altar, um nach wenigen Minuten durch den Segen der Kirche verbunden, als glückliche Gattin des Stadthauptmanns von Kalm an dessen Arm in die Gemächer der Gräfin zurückzukehren, welche seit langer Zeit die ersten Freudenthränen beim Anblicke des ihr so treu ergebenen jungen Paares vergoß und allen Schmerz der Trennung zu vergessen suchte, welche morgen schon die ihr so theuer gewordene Vertraute und vielleicht für lange Zeit entführte.

―――――

Die Besorgniß der Gräfin Katharine, daß die Kunde von der im Schlosse stattgefundenen Vermählung ihres Hoffräuleins mit dem Stadthauptmann zu Lemgo, welche beide dem Grafen Bernhard verhaßt waren, den Groll ihrer Feinde steigern und sie selbst darunter noch härter zu dulden haben würde, bewies sich diesmal als unbegründet; denn obgleich die Abreise der Neuvermählten bei dem ersten Grauen des nächstfolgenden Morgens eben so still und geräuschlos stattgefunden, als deren Eintritt in's Schloß, so war dieselbe doch nicht unbemerkt geblieben, und den spät in der Nacht von ihrem Gelage zurückkehrenden Grafen wurde am andern Morgen schon die Nachricht davon überbracht, was am vergangenen Abend in dem Theile der Hofburg sich ereignet, welchen die Gräfin bewohnte.

Aber war dem Grafen Bernhard und dessen Brüdern diese Vermählung des ihnen feindlich gesinnten Stadthauptmanns nicht wichtig genug, oder beschäftigten andere und ernstere Angelegenheiten dieselben, genug, man schwieg darüber, doch wurde die kleine Ausfallpforte der äußeren Ringmauer des Schlosses am andern Morgen vermauert, und so der fernere geheime Zutritt durch dieselbe ins Schloß verhindert.

Die Gräfin aber, welche durch die aus Hannover und Lemgo erlangten Geldmittel aus der drückendsten Verlegenheit befreit und nun gegen ihre Feinde kräftiger zu wirken hoffte, suchte scheinbar mit Graf Bernhard Vergleichsunterhandlungen anzuknüpfen und brachte sogar eine Art freundschaftlicheres Verhalten zu Wege, in Folge dessen die drei Grafen am 10. August 1638 in den Waldungen ihres Witthums Horn eine große Hirschjagd auf Katharinen's Anregung veranstalteten und dorthin mit ihrem Gefolge bei Anbruch des Morgens aufbrachen.

Um dieselbe Zeit aber setzte sich auch von Lemgo aus ein Reitergeschwader von 50 Mann, der Besatzung dieser Stadt, nebst einer Anzahl darmstädtischer Dragoner unter Anführung des Stadthauptmanns von Kalm und des Haupt-

manns Hoyer in Bewegung und rückte in das Dorf Herber=
hausen nahe dem Detmold'schen Schloßgarten, in welchem auch
bald darauf die Kammerfrau Gertrud mit den beiden älte=
sten Knaben der Gräfin erschien, und diese nun zu spielen
begannen und zu wiederholten Malen durch die geöffneten
Gartenthore in's freie Feld hinauseilten, wo der Stadt=
hauptmann mit dem Dragonerofficier sich ihnen zeigte. Als
die Kinder den Ersteren erblickten, sprangen sie demselben
freudig entgegen und ließen sich jubelnd auf zwei von
Reitknechten geführte Pferde heben, während Gertrud an=
scheinend ängstlich den Hofmeister der Knaben herbeirief,
und dieser nun verlangte, daß sie wieder in den Garten
zurückkehren sollten.

Betrübt ließen sich die Kinder von den Pferden herab,
und waren im Begriff, ihrem Lehrer Folge zu leisten, als
sich plötzlich ein Wagen näherte und dicht vor dem Garten=
thore hielt.

„Wollt Ihr Eure Sophie nicht noch einmal sehen?"
fragte jetzt Kalm die Knaben und zeigte nach dem Wagen,
an dessen geöffnetem Fenster sich das liebliche, den Kindern
der Gräfin gar wohl bekannte Antlitz der jungen Gattin
des Stadthauptmanns zeigte.

„Ja, zu unsrer Sophie!" riefen Beide und eilten auf
den Wagen zu, dessen Thür sich öffnete, worauf Sophie die
fröhlichen Knaben hereinhob und liebkosend herzte, während
der Wagen jetzt so schnell als möglich sich aus der Nähe
des Schloßgartens entfernte und unter sicherem Geleite der
Dragoner die Straße nach Lemgo einschlug, von da nach kurzer
Rast nach Hameln fuhr und in Begleitung des den Knaben nach=
gesendeten Hauslehrers und des Vicekanzlers Dr. Tilhen

unter sicherer Bedeckung nach Marburg abging, wo damals Landgraf Georg II. residirte, unter dessen Schutze als deren rechtmäßiger Vormund die Knaben auch für längere Zeit blieben.

Als Graf Bernhard mit seinen Brüdern am Abend desselben Tages von der Hirschjagd in's Schloß zurückkehrte, fand er die Gräfin in heftiger Aufregung und wurde nach dem gehabten Vergnügen auf das unangenehmste durch die Nachricht überrascht, daß man in den Stunden des Vormittags die ältesten Knaben der Gräfin aus dem Schloßgarten entführt habe; ja er mußte aus dem Munde des Hofgesindes hören, daß man im Schlosse wie in der Stadt Niemand anderes als die Grafen selbst im Verdacht habe, diesen Prinzenraub angestiftet zu haben. Aber bald genug wurde bekannt, daß die Gräfin selbst diese Entführung bewirkt, und vergebens wüthete Graf Bernhard gegen Katharinen, durch deren freundliches Entgegenkommen er sich so leichtgläubig hatte täuschen lassen, und drohete ihr mit hartem Gefängniß, worauf diese ihm spottend entgegnete, daß das in Lemgo liegende Regiment Dragoner zu ihrem Schutze bereit stehe, und dieses erst bewältigt werden müßte; vergebens berief er die Landstände nach Detmold, um „über diesen Menschenraub oder plagium der unnatürlichen Mutter" zu richten; umsonst ließ er aussprengen, die Knaben seien nur deshalb entführt worden, um sie von der reformirten Lehre ihres Hauses abtrünnig zu machen. Die Landstände traten einmüthig auf die Seite der Gräfin, deren Handlungsweise sie insofern billigten, als diese, um ihre Kinder gegen deren Feinde zu schützen, ihre Pflicht erfüllt, indem sie dieselben der Obhut des gesetzlich aner=

kannten Vormundes übergeben, und widerriefen dabei die dem Grafen früher zuerkannte Vollmacht vor Notar und Zeugen.

Die Gräfin hatte nun zwar zwei ihrer heißesten Wünsche erfüllt gesehen; sie wußte ihre Kinder unter sicherm Schutze und Sophien an der Seite eines braven, liebevollen Gatten und ihr treu ergebenen Dieners; aber ihre eigene Lage war nach jener Täuschung, welche sie ihren Schwägern bereitet, um so trübseliger geworden; denn wollte sie in jenen gefahrvollen Tagen durch hohe Summen sich einflußreiche und wirksame Gönner unter den in Westphalen abwechselnd lagernden Kriegsheeren der Oesterreicher und Schweden verschaffen, so bedurfte dies Vorsicht und Zeit, und nur heimlich und behutsam konnten ihre Räthe für sie nach Außen hin wirken; im Schlosse aber wurde ihr Aufenthalt zur strengen Haft, und sie wagte nicht, sich außerhalb desselben zu begeben, um nicht Gefahr zu laufen, abgesperrt zu werden.

Unterdessen nahmen Noth und Elend im Lande überhand, Städte und Dörfer wurden auf das Härteste von durchziehenden Kriegsvölkern gebrandschatzt, während Graf Bernhard ebenfalls Contributionen auferlegte, die Domainen verkaufte, die Zinsen der Landesschulden zu zahlen sich weigerte, und dadurch dem Lande Processe und Executionen zuzog, sowie er durch Bedrohung von Geldauflagen die Städte zwingen wollte, die Bestätigung ihrer Rathswahlen bei ihm, und nicht bei Katharinen, zu suchen, die Staatsgeschäfte aber unfähigen und gewissenlosen Händen überließ; jedoch nur in Detmold und Horn, wo die Besatzungen im Solde des Grafen waren, konnten die Befehle derselben sich Geltung verschaffen, in Lemgo und Ufeln, sowie in Schmalenberg und Sternberg wurden in neuerer Zeit die Commissare Bernhard's verhöhnt und vertrieben.

In diesen Tagen der allgemeinen Noth wurde die Lage der Gräfin immer unerträglicher, die eben jetzt sich all' ihrer Vertrauten und Freunde beraubt sah, denn der Vicekanzler Tilhen war in ihrem Auftrage und mit Geld versehen nach Köln gereist, um den Kurfürsten zu ihren Gunsten zu stimmen; der Rath Hunold war in seinem eigenen Hause verhaftet und der Betheiligung beim Lippeschen Prinzenraub beschuldigt worden, aber nach Hamm entflohen, um unter den Führern der dort lagernden Kriegsvölker seiner Gebieterin Verbündete zu verschaffen, während der Stadthauptmann von Lemgo es nicht wagen durfte, seinen Wohnsitz zu verlassen, da in dortiger Gegend jetzt kasselsche Truppen lagen, von deren Befehlshaber man noch nicht wußte, ob er zu den Verbündeten Bernhard's gehöre.

Die zu ihrer Wohnung gehörigen Küchen und Keller waren ihr verschlossen worden, und nur wenn es den gräflichen Brüdern beliebte, erhielt Katharine für sich und ihre Leute das Essen aus deren Küchen. Vergeblich hatte der Magistrat zu Horn, von einer kleinen Abtheilung kaiserlicher Soldaten unterstützt, versucht, die Einkünfte der Gräfin aus dem Witthume zu erlangen; die ihr feindliche Besatzung der Burg hatte gewaltsamen Widerstand geleistet und sich zum ernsten Kampfe gegen die Stadt gerüstet, und nur um Blutvergießen abzuwenden, hatte Katharine auf die ihr so nöthige Unterstützung auf günstigere Zeiten verzichtet.

So war der Winter des Jahres 1638 vergangen und

das Frühjahr herangekommen. Katharine, welcher sich nirgend Hilfe und Verbesserung ihrer schmachvollen Lage zeigten, war, der erduldeten Kränkung müde und durch Kummer tief darniedergebeugt, endlich bereit, dem Drängen ihrer Peiniger nachzugeben und das Schloß zu Detmold zu verlassen, da die Kriegsvölker ihres Vetters des Landgraf Georg II. vor Kurzem die Gegend von Rinteln und Lemgo verlassen, und auch diese Hilfe ihr nicht mehr zur Seite stand.

Fest entschlossen, nun nach Lemgo in das dortige Schloß zu ziehen, wo ihre treue Sophie bereits Alles zur Aufnahme der so hart geprüften Gebieterin eingerichtet hatte, saß sie am Abend eines unfreundlichen Maitages in trübes Sinnen versunken in ihrem Gemache, in welchem ihre Mägde mit dem Einpacken ihrer werthvollsten Sachen beschäftigt waren, als der Kastellan des Schlosses der Gräfin einen ihr treu ergebenen Bürger Detmold's, den Tuchhändler Galle, meldete, welcher um Audienz bitte.

„Was führt Euch so spät noch zu mir," begann die Gräfin, sich huldvoll dem Eingetretenen zuwendend und denselben auffordernd, näher zu treten.

„Ich komme, mich eines wichtigen Auftrages an Ew. Erlaucht zu entledigen," antwortete der Tuchhändler sich ehrfurchtsvoll verbeugend, „und wäre gern schon früher gekommen, aber immer jagten mich die heillosen Trabanten des Grafen mit der Deutung zum Schlosse hinaus, daß ich hier nichts zu suchen habe. Jetzt endlich in der Dunkelheit ist es mir gelungen bis zu meiner hohen Herrin zu gelangen, und leider sehe ich, daß das Gerücht, welches die Stadt beunruhigt — und dabei zeigte der Sprecher auf die im

Zimmer umherstehenden Koffer und Kisten — nicht gelogen. — Also wirklich so weit haben es diese unbarmherzigen Brüder unseres hochseligen Herrn getrieben, daß Ihr lieber aus Eurer Hofburg weichen wollt, als länger ein so qualvolles Leben zu ertragen, wie man Euch, unserer edlen rechtmäßigen Fürstin, hier bereitet? — Aber Ew. Erlaucht!" setzte der in Eifer gerathene Tuchhändler hinzu: „Ihr werdet nicht von hier Euch wegwenden, Ihr werdet bleiben zu aller treuen Bürger Trost und Freude; denn die Hilfe ist nahe, und nahe das Ende dieser gräulichen Wirthschaft, wie sie Bernhard bis jetzt getrieben im Lippeschen Lande! —"

„Und wer sollte mir Hilfe bringen?" fragte wehmüthig ernst die Gräfin; „jetzt, wo meine treuesten Freunde ohnmächtig und selbst die Städte Lemgo und Useln den Feind im Innern und vor den Thoren haben?"

„Ich war gestern in Lemgo und von daher bringe ich Euch tröstliche Nachricht, wie Euer Stadthauptmann mir dies auf die Seele gebunden," fuhr Galle ermuthigend fort. „Sagt unserer edlen Herrin, sprach dieser wackere Kriegsmann, der mich als einen Euch treu ergebenen Bürger kennt, sagt Ihro Erlaucht, was ich in so gefahrvollen Zeiten Euch nicht schriftlich anvertrauen mag, daß der Kaiserliche Feldmarschall Graf zur Wahl, der seit gestern in Hamm steht, vom Kaiserlichen Hofe dazu im Geheimen beauftragt, und durch des Rathes Hunold und meine Bitten dazu gedrängt, morgen mit starker Macht in Detmold einrücken wird, um Euch zu befreien aus den Händen Eurer Feinde und über diese Gericht zu halten!"

„Wie! Graf Wahl ist uns nahe!" rief Katharine freudig aufathmend. „Ja, dann hoffe ich auf Rettung!"

„O, nicht allein der österreichische Heerführer will Euch seinen Schutz gewähren," fuhr Galle fort. „Auch der die Kasselschen Truppen befehlende General Peter von Holzapfel, welcher jetzt in Lemgo eingetroffen, hat erklärt, daß er die schmachvolle Abhängigkeit nicht dulden werde, in welcher Ihr, eine deutsche Reichsfürstin, Euch befindet, woraus sich schließen läßt, daß man auch von Seiten der Euch befreundeten Reichsfürsten für Euch in Stille gewirkt hat, und sollten die Schweden auch kommen, was Eure Feinde wohl wünschen mögen, so wird der berühmte und gefürchtete Banner*) Euch sicher als seine Nichte gegen die feindlichen Blutsverwandten schützen, obgleich die Grafen sich zu Schwedens Verbündeten zählen, diese aber gewiß nicht so schnell die Kaiserlichen aus Westphalen vertreiben werden. Daher bleibt standhaft, hohe Frau, und weicht nicht von hier, wenn man auch heftiger in Euch dringt, denn früh genug wird morgen Graf Wahl in Detmold sein. —"

„Ich danke Euch herzlich, mein braver Mann," entgegnete Katharine sichtbar erheitert, „seid überzeugt, daß ich, wenn das Glück mir wieder wohl will, nicht vergessen werde, welchen Trost Ihr mir durch Eure Botschaft gebracht."

„O, ich fühle mich reich belohnt," sprach Galle, die Hand der Gräfin, welche diese ihm huldvoll gereicht, ge-

---

*) Die Gemahlin des schwedischen Feldmarschalls Banner, Elisabeth Juliane, († 1640) war eine Schwester des Grafen Christian von Waldeck und daher die Tante Katharinens.

rührt an sein Herz drückend. „Sehe ich doch, daß meine Nachricht Euch wieder mit neuem Muthe erfüllt, so wie mit mir alle braven Detmolder freudig hoffen, daß mit dem Tage, wo Ihr wieder zur Macht gelangt, auch unsere Noth enden wird."

„Möge dieser Tag uns nicht zu fern bleiben!" rief tief aufathmend die Gräfin und entließ den Tuchhändler, welcher froh bewegt das Gemach verließ, um sich wieder heimlich aus dem Schlosse zu schleichen.

———

Es war in den ersten Morgenstunden des vierzehnten Mai 1639, als der Commandant des Schlosses zu Detmold, Hauptmann de Wrede, welcher als ein geheimer Anhänger der Schweden und als Feind der Gräfin Katharine bekannt war, von einer Anzahl Trabanten begleitet, Einlaß in die Zimmer derselben verlangte. Mürrisch betrachtete ihn der im Vorzimmer anwesende Schloßkastellan, welchen die Grafen seines Amtes entsetzt, den aber die Gräfin als Diener beibehalten hatte, und antwortete auf des Commandanten Frage: „Ob die Gräfin schon wach sei," seine Blicke drohend auf de Wrede richtend: „Ihre Erlaucht gewährt um diese Zeit noch keine Audienz!"

„So sagt Eurer Erlaucht denn, daß ich sie sprechen muß," gab de Wrede barsch zur Antwort.

„Muß?" fragte höhnend der Kastellan; „wer seid Ihr denn, daß Ihr Euch vermeßt, in solcher Weise Euch Gehör verschaffen zu wollen?"

„Oeffnet die Thüren der Gemächer Eurer Herrin, oder ich lasse sie mit Gewalt erbrechen!" befahl de Wrede und rief seine Trabanten näher.

„Der Erste, der es wagt, hier Gewalt zu brauchen," schrie der Kastellan und ergriff eine am Kamin des Vorzimmers stehende Holzart, „dem zerschmettere ich den Schädel, und wenn es der Eure auch wäre, Herr Commandant!"

„Wie, Ihr Wicht, Ihr wagt zu drohen!" rief de Wrede und zog sein Schwert, um auf den Kastellan einzudringen, der sich zum Widerstand bereit vor die Thüre des gräflichen Gemachs gestellt. Da öffnete sich diese, und Katharine trat vollständig angekleidet heraus mit stolzen strafenden Blicken auf den Schloßcommandanten blickend.

„Welcher Freche wagt es, so früh in diesem Theile des Schlosses die Ruhe zu stören?! — Ah, Ihr!" rief sie verächtlich, als de Wrede überrascht einige Schritte zurücktrat. „Ihr, der würdige Diener meiner Kerkermeister, wollt mit Euren Söldnern gleich Räubern mich überfallen in meinen Gemächern."

„Ich handle nur auf Befehl meines Gebieters, wenn ich Gewalt brauchen muß, bis zu Euch zu bringen," sprach de Wrede finster und stieß heftig sein Schwert in die Scheide. „Se. Erlaucht Graf Bernhard hat mich beauftragt, in seinem und seiner Herren Brüder Namen Euch wissen zu lassen, daß durch Euer Zögern, von hier Euch zu entfernen, eine Aufregung im Volke sich kund giebt, die von Euren geheimen Anhängern genährt, der Ruhe und Sicherheit der Stadt gefährlich zu werden droht, und Euch selbst in's Verderben stürzt. Man kann Euch daher nicht erlauben, bei Tage abzureisen, sondern erst mit Anbruch der nächsten Nacht, damit durch Euch nicht noch mehr Unheil und Verwirrung hervorgerufen werde, und daher werdet Ihr Euch schon gefallen lassen müssen, daß alle Eingänge zu Euren Gemächern mit Wachen besetzt werden, die mit ihren Köpfen dafür bürgen müssen, daß Ihr nicht entflieht!"

„O, diese Elenden!" rief Katharine entrüstet. „Sie fürchten sich vor des Volkes gerechtem Zorne, wenn es Augenzeuge wäre, wie man mich, die rechtmäßige Herrin, von Haus und Hof treibt, aber sie erröthen nicht vor der Schandthat, mit Gewalt bei Nacht mich hinauszuwerfen!"

„Ob Ihr rechtmäßig oder nicht hier hauset," entgegnete spöttisch de Wrede, „darum habe ich mich nicht zu kümmern, sondern dem Befehle meiner Herren und Gebieter zu gehorchen;" und ohne sich weiter um die Gräfin zu kümmern, die bleich vor innerem Groll in ihr Gemach zurücktrat und dem Kastellan ihr zu folgen befahl, stellte er zwei Trabanten vor die nun wieder verschlossene Thür und entfernte sich mit den Uebrigen.

Bald darauf wurden jedoch diese Wachen wieder entfernt, und in Schloß und Stadt gab sich plötzlich ein geschäftiges unruhiges Treiben kund. Die Schloßwache trat unter Gewehr und erhielt durch die in der Stadt liegende Besatzung Verstärkung, und neugierig sammelten sich die Bewohner Detmold's vor dem Schlosse oder strömten nach dem Thore, von welchem aus die Straße nach Hamm führt. Bald tönten von daher die hellen Klänge der Trompeten durch die stille sonnige Frühlingsluft, und an der Spitze eines Regiments Infanterie und mehrerer Compagnien Reiter ritt der kaiserliche Feldmarschall, Graf zur Wahl, von den Obersten Koch und Lohe begleitet, in Detmold ein, um, wie er den darüber auf das Unangenehmste überraschten Grafen sagen ließ: Ihro Erlaucht der regierenden Frau Gräfin en passant die Hand zu küssen*).

Die Gräfin jubelte laut auf bei dieser Kunde, und verstört eilten die Grafen von einer Abtheilung der Schloßwache gefolgt, auf den großen Schloßhof, welcher durch einen Graben vom Schlosse getrennt und mit diesem durch eine Zugbrücke verbunden war und freudig begrüßten die Bürger Detmold's die fremden Truppen, die jetzt mit klingendem Spiele auf dem Schloßplatze sich aufstellten, wo Graf Bernhard mit seinen Brüdern der Ankunft des Feldmarschalls harrten und diesem näher traten, welcher von seinen Officieren umgeben, hoch zu Roß in kalter Ruhe die Begrüßung der stolzen Grafen erwartete.

Als Graf Bernhard seine Anrede beendigt und den Feldmarschall nebst dessen Gefolge eingeladen, im Schlosse als seine Gäste Quartier zu nehmen, begann Graf zur Wahl:

„Ich nehme Eure Einladung um so bereitwilliger an, als wir eben nur einen Rasttag in der Residenz der regierenden Frau Gräfin zur Lippe halten wollen, und hoffe, daß die Landesherrin gleich Euch uns gastlich aufzunehmen bereit ist."

„Was die regierende Frau Gräfin betrifft," entgegnete Graf Bernhard in spöttischem Tone, „so kann diese wohl am wenigsten hierbei in Frage kommen, da derselben, gleich jedem von uns nur der vierte Theil des Landes gehört, die Regentschaft aber mir, dem ältesten Fürsten des Hauses Lippe, von meinen Brüdern und den Landständen übertragen worden ist."

„Ich habe von diesem Erbstreite gehört," sprach der Feld-

---

*) Siehe Falkmann S. 21 fl.

marschall, „und wir kommen vielleicht im Laufe des Tages darauf zurück, für jetzt aber würde es vor Allem nöthig sein, die Truppen unterzubringen, und da Euer Schloß ein so umfangreiches und geräumiges ist, so wäre es am Besten, wir verlegten die Infanterie hierein, um den armen schon so oft gebrandschatzten Bürgern einen Theil der Einquartierungslast zu entnehmen."

Die gräflichen Brüder blickten verlegen und mißtrauisch auf den Feldmarschall, als dieser geendet, und wechselten heimlich einige Worte, worauf Graf Bernhard entgegnete:

„Ich bedauere, daß wir auf diesen Vorschlag nicht eingehen können, denn es würde erstens zu so starker Besatzung kein Raum vorhanden sein, und zweitens schützt uns eine von Sr. Kaiserlichen Majestät vom 1. December 1636 erlangte Salveguarde für unsere Hofburg gegen Einlegung fremder Truppen, wenn diese nicht als Feinde kommen; und dann gegen feindliche Gewalt kann uns auch kein Kaiserlicher Schutzbrief schützen."

„Ah, Ihr Herren seid mißtrauisch!" rief Graf Wahl mit gerunzelter Stirn. „Nun, auch ich traue Euch nicht zu weit, aber bei allem Respect vor Sr. Kaiserlichen Majestät Mandat, muß ich doch meiner eigenen Ehre und Sicherheit willen darauf bestehen, daß eine Abtheilung meiner Soldaten mir als Leibwache mit in das Schloß folgt, die mindestens an Stärke Eurer Schloßwache gleich kommt."

„Dies müssen wir uns gefallen lassen," lenkte Graf Bernhard ein, welcher an der drohenden Haltung des Feldmarschalls und seiner Umgebung nur zu deutlich sah, daß ein Widerstand hier nutzlos. — „Was aber Eure Sicherheit in unserer Hofburg betrifft," fügte er verletzt hinzu, „so glaube ich, daß diese doch nirgends weniger in Gefahr sein könnte, als eben hier."

„Und doch ist Euer Schloßcommandant ein heimlicher Anhänger der Schweden und unser Feind," sprach finsteren Blickes der Feldmarschall. „Solchen Leuten ist nie zu trauen, und er mag wohl auf seiner Hut sein, daß wir ihn nicht außerhalb des Schlosses treffen. — Oberst Lohe," begann er darauf, nach einem neben ihm haltenden höheren Officier sich wendend: „Folgt mir mit hundert Mann Infanterie in's Schloß und besetzt die dortigen Wachen; die gräfliche Schloßbesatzung mag so lange dienstfrei sein, so lange ich Gast in der Hofburg bin, und nun befehlt, Herr Graf, die Zugbrücke herabzulassen."

Mit verbissenem Ingrimm vernahm Graf Bernhard diesen Befehl und gab seinem Commandanten das Zeichen zur Herablassung der Brücke, auf welcher er den Feldmarschall in's Schloß begleitete und dem nun die ausbedungene Abtheilung Truppen folgte, während die beiden Brüder des Grafen mit mehreren Officieren im Gespräch auf dem Schloßplatze zurückblieben; als eben eine zweite Colonne Infanterie der ersten nachfolgen wollte, da ließ plötzlich de Wrede die Zugbrücke aufziehen und der Feldmarschall befand sich nun mit dem Grafen Bernhard und seinen Soldaten von den übrigen Truppen abgeschnitten, so wie die gräflichen Brüder sich nun vom Schlosse abgesperrt sahen.

„Was soll dies bedeuten!" zürnte der Feldmarschall erbittert, und trat dem Grafen Bernhard drohend näher. „Glaubt Ihr mich in einer Falle fangen zu wollen, gleich einem Iltis oder Marder? Sofort gebt Befehl, die Brücke herabzulassen!"

Verlegen blickte Graf Bernhard auf seinen Schloßcommandanten, dessen Blicke voll tödtlichen Hasses auf dem Feldmarschall ruheten und der nicht die mindeste Lust zeigte, die Brücke niederzulassen.

Als der Feldmarschall bemerkte, daß Graf Bernhard unschlüssig schien, diesen Befehl zu ertheilen, rief er vom Thore des Schlosses dem, auf dem Platze an der Spitze seiner Truppen haltenden Obersten Koch zu:

„Herr Oberst! nehmt die beiden Grafen fest; ihre Köpfe mögen für unsere Sicherheit hier oben bürgen und ist die Brücke binnen fünf Minuten nicht herabgelassen, so laßt sie erschießen."

Todtenbleich winkte jetzt Graf Bernhard dem Schloßcommandanten und rasselnd fiel die Brücke herab, über welche nun die beiden Grafen in's Schloß zurückkehrten, die Kaiserlichen Truppen aber, welche ebenfalls dorthin wollten, durch den Commandoruf ihrer Führer zurückgehalten wurden.

In diesem Augenblicke erschien Katharine auf dem Balkon ihres Gemachs und laut jubelnd begrüßte die versammelte Volksmenge die geliebte Herrin und im donnernden Hurrah riefen ihr die Soldaten ihren Gruß zu.

Der Feldmarschall aber, welchem die Grafen sich voll stillen Grolles genähert, sprach kalt und höflich: „Nun, Ihr Herren, laßt uns der regierenden Frau Gräfin unsere Aufwartung machen, wie es für wahre Cavaliere sich ziemt. Auch hoffe ich, daß ich während meiner Anwesenheit im Schlosse Zeuge der Versöhnung zwischen Euch und der Gräfin Wittwe sein werde, und daß ich mit der Beruhi=

gung scheiden kann, daß hier nicht länger auf unwürdige
Weise einer deutschen Reichsfürstin durch deren nächste Ver=
wandte Thron, Land und persönliche Freiheit gefährdet wird."

„Nimmermehr werdet Ihr uns dazu bewegen, diesem
Weibe zu verzeihen, was sie gegen uns verschuldet!" rief
der jähzornige Graf Heinrich mit vor Wuth halb erstickter
Stimme. „Nimmermehr werden wir abstehen von unserm
guten Rechte; aber auch Ihr, Herr Feldmarschall, werdet
uns nicht beweisen können, daß Ihr Recht und Vollmacht
habt, gegen uns als Reichsunmittelbare so zu verfahren,
als es bereits geschehen, und wie es gewiß auch in
Kaiserlicher Majestät Willen nicht liegt."

„Spart Eure Worte, Ihr Herren!" entgegnete der Feld=
marschall stolz und fast verächtlich auf die Grafen blickend.
„Ich werde jetzt ohne Euch der Regentin meinen Besuch
abstatten, aber — setzte er drohend hinzu — merkt es Euch
wohl, habt Ihr bis morgen Mittag 12 Uhr Euch nicht
eines Bessern besonnen, so habt Ihr auch aufgehört, hier
noch länger die unrechtmäßigen Herren zu spielen!"

Mit diesen Worten wendete sich der Kaiserliche Feld=
herr, von Oberst Koch begleitet, den Gemächern zu, in welchen
die Gräfin wohnte.

Zwischen Hoffnung und Bangen schwebend hatte Ka=
tharine der Ankunft des Grafen zur Wahl entgegen gesehen,
welcher ihr von früher her schon freundschaftlich ergeben
war; als dieser aber jetzt in's Gemach trat, da fühlte sie
ihre mühevoll errungene Fassung schwinden, und erschöpft
mußte sie sich auf die Lehne ihres Sessels stützen, um sich
aufrecht zu erhalten.

Mitleidig blickte der Feldmarschall auf die junge, schöne,

blasse Frau, welche jetzt in ihren Sessel zurücksank und neben welcher der Graf zur Wahl theilnahmevoll Platz nahm, um ihr im Tone des aufrichtigen Freundes Trost und Muth zuzusprechen und über das unmännliche Handeln ihrer Schwäger sich tief entrüstet äußerte; da löste sich der so lange Zeit in ihrem Innern gehegte Harm und Kummer in lindernde Thränen auf und Alles, was so schwer auf ihrem Herzen gelastet, theilte sie ihrem ritterlichen Freunde mit, welcher nach einer langen ernsten Unterredung sich ehrerbietig verabschiedete und ihr die tröstende Gewißheit ließ, daß das Ende ihrer Knechtschaft nahe sei.

Unterdessen hatte die Nachricht von dem Einrücken Kaiserlicher Hilfstruppen zu Gunsten der Gräfin Katharine sich weit über die Stadt hinaus verbreitet, reitende Boten brachten die Kunde davon nach Lemgo, Useln, Blomberg und Schwelenberg und so fort in alle bedeutenden Plätze des Landes, und in Städten und Dörfern rüstete sich die waffenfähige Mannschaft und vertrieb die gräflichen Stadthalter und Beamten und immer unheilvollere Nachrichten gelangten an Graf Bernhard von nah und fern.

Als eben im Laufe des nächsten Vormittags auch eine Deputation der Detmolder Bürgerschaft mit dem Tuchhändler Galle an der Spitze vor den gräflichen Brüdern erschien und im Namen sämmtlicher Einwohner Detmold's erklärte, daß Alle die Wiedereinsetzung der Gräfin Wittwe in die Regentschaft verlangten, da forderten die darob bitter Ergrimmten eine Besprechung mit dem Feldmarschall, welche dieser auch gewährte, und wo ihm die Grafen erklärten, daß sie sich nimmer in Unterhandlungen und Vergleiche mit der Gräfin Wittwe einlassen könnten, sondern ihr Recht bei Kaiser und Reich suchen würden, den Feldmarschall aber ersuchen müßten, seinen Aufenthalt im Schlosse nicht über die Gebühr zu verlängern und sie über sein feindseliges Verhalten bei Kaiserlicher Majestät Klage erheben würden.

Der Feldmarschall hatte sie ruhig aussprechen lassen, dann aber ihnen mit den Worten den Rücken gewendet, daß er ihnen baldigst darauf genügende Antwort geben wolle, und sie voller Bestürzung verlassen.

Als der Graf zur Wahl in Begleitung des Obersten Koch zur Gräfin zurückkehrte und diese in ängstlicher Besorgniß wegen dieser Besprechung fand, erklärte er lachend: „Ew. Erlaucht Schwäger sind sehr ungalant und es dürfte daher diesen Herren eine kleine Lection nicht schaden, da Nachgiebigkeit hier eine unverzeihliche Schwäche wäre. Herr Oberst," sprach er darauf, sich zu diesem wendend: „bringen Sie den Truppen meinen Befehl, damit wir zu Ende kommen."

Dieser entfernte sich und bald darauf ertönten vom Schloßplatze her die Commandorufe der einzelnen Befehlshaber, während im Innern des Schlosses selbst ein wildes Getümmel und Waffengeklirr hörbar wurde und nun eine starke Abtheilung der außerhalb der Hofburg gelagerten Soldaten über die Zugbrücke in das Schloß stürmten.

„Aber Herr Graf, was geht hier vor?" fragte bebend vor Schreck Katharine.

„Ich habe soeben meinen Soldaten den Auftrag ertheilt, das Schloß für Ihro Erlaucht wieder in Bereitschaft zu setzen und ich glaube, sie werden schon damit zu Ende sein," entgegnete lächelnd der Feldmarschall und führte die Gräfin an ein Fenster, von wo aus diese überrascht bemerkte, wie die Schloßwache der Grafen durch alle Theile der Hofburg fliehend von den Kaiserlichen Truppen verfolgt, und der Schloßcommandant so eben gefesselt nach der Stadt abgeführt wurde.

„Aber sollte diese Niederlage ihrer Söldner die Grafen nicht an mir rächen, wenn Ihr, mein Schützer, mich verlassen?" fragte angsterfüllt Katharine.

„Auch daran habe ich gedacht, Ihro Erlaucht," entgegnete der Feldmarschall und wollte weiter sprechen, als die Thür des Gemaches ungestüm aufgerissen wurde und Graf Bernhard nebst seinen Brüdern in wilder Aufregung hereinstürmte.

„Wer, Herr Feldmarschall, hat Euch das Recht gegeben, uns, die rechtmäßigen Besitzer dieses Schlosses und Landes, auf solche erniedrigende Weise zu behandeln, unsere Haustruppen zu verjagen und unseren Schloßcommandanten gleich einem Missethäter gefesselt abzuführen?"

„Wer mir das Recht gab?" fragte der Feldmarschall kalt zurück, während das Gemach sich mit Officieren füllte, welche ernst und schweigend sich um ihren Feldherrn sammelten.

„Nun, meine Herren," fuhr der Graf zur Wahl fort, und trat mit finster drohenden Blicken dem Grafen Bernhard näher, „dieses Recht gab mir mein Pflichtgefühl als Edelmann einer schutzlosen Dame gegenüber, welche als Opfer Eures habsüchtigen Strebens fallen sollte. — Ihr seid Räubern gleich in dieses Land eingefallen, an welches Ihr kein Anrecht habt, denn durch die schon seit Jahrhunderten zu Recht bestehende Primogeniturfolge des Hauses Lippe, welche zwei Kaiser und die Stände des Landes zu wieder-

holten Malen bestätigt, ist die Gräfin Katharine die recht=
mäßige Vormünderin ihrer Kinder, deren Erstgeborner der
alleinige Herrscher dieses Landes ist. — Dankt es der edlen
Abstammung, deren Ihr Euch leider unwürdig erwiesen, daß
ich Euch nicht als Landfriedensbrecher gefangen nach Wien
sende, und sucht die Verzeihung Eurer edlen und von Euch
so schmachvoll behandelten Schwägerin nach, nur unter der
Bedingung will ich abstehen von weiteren ernsten Schritten;
über Euern Schloßcommandanten aber, der als schwedischer
Spion erkannt wurde, werde ich im Hauptquartier Gericht
halten."

„Wir müssen diese Schmähungen jetzt erdulden und uns
der rohen Gewalt des Stärkeren fügen," rief bitter Graf
Heinrich, „aber wir werden gegen Euch klagen vor Kaiser
und Reich, und ich wiederhole es in Gegenwart dieser von Euch
so warm beschützten sogenannten Regentin, die wir nie als
die rechtmäßige Fürstin zur Lippe und als Vormünderin
ihres Erstgeborenen anerkannt, daß zwischen ihr und uns
nie eine Versöhnung stattfinden kann."

„Ihr wollt klagen!" rief der Graf zur Wahl und stieß
heftig sein Schwert auf den Fußboden des Zimmers. „Ihr,
die Ihr nichts geringeres im Sinne hattet, als mich durch
Euern schurkischen Schloßcommandanten hier gefangen zu
nehmen und den Schweden auszuliefern, von deren Anrücken
ihr Kunde erhalten!? — Ha, was hindert mich, Euch von
meinen Leuten niederstoßen zu lassen, als Verräther! —
Fort aus meinem Angesicht, wir haben hier nichts mehr
mit einander zu schaffen!"

Mit Verwünschungen und Drohungen gegen Katharine
entfernten sich die gräflichen Brüder, die Gräfin aber, welche

schweigend und von Angst durchbebt, diesem Auftritte beigewohnt hatte, warf sich jetzt händeringend in ihren Sessel und rief: „Wenn nicht die Sorge um meine Kinder mir den Muth gegeben, Alles zu ertragen, was bis jetzt über mich hereingebrochen und wenn es nicht gelte, den rechtmäßigen Erben zu schützen, wie gern hätte ich des eitlen Ruhmes entsagt und jenen die Herrschaft überlassen. Aber verzweifeln möchte ich, wenn ich daran denke, was mir bevorsteht, wenn ich all den Kämpfen wieder schutzlos preisgegeben bin, die sich erneuern werden, sobald diese Elenden wissen, daß kein so edler und mächtiger Beschützer als Ihr mir zur Seite steht. —"

„Fasset Muth, hohe Frau!" sprach beruhigend Graf zur Wahl. „Ich allerdings verlasse morgen schon Euer Schloß und Land, doch nicht, ohne Euch genügenden Schutz bewirkt zu haben, auch habt Ihr an Eurem Stadthauptmann in Lemgo eine kräftige Stütze, und daß jetzt im ganzen Lande das Volk für Euch auftritt, dies hat er bewirkt durch sein und seiner Freunde Streben. Die Stände sind ebenfalls für Euch und werden dies offen kundgeben; überall ist Eurer Feinde Macht gebrochen, und keiner derselben wird jetzt Euch die Regentschaft streitig machen. Ihr seid jetzt wieder Herrin in Eurem Schlosse, Ihr werdet es auch von nun an wieder im Lande sein."

„So verleihe der Himmel mir Kraft, meinen Feinden entgegen treten zu können, und lohne es Euch reich, der Ihr für mich so ritterlich eingetreten," rief Katharine und verließ mit dem Feldmarschall das Zimmer, um sich der vor dem Schlosse versammelten Volksmenge zu zeigen, welche die Gräfin mit freudigem Jubel begrüßte.

Im Laufe des nächsten Tages verließ der österreichische Feldmarschall mit seinen Truppen die Stadt, aber zum Schutze der Gräfin blieb eine Compagnie Infanterie unter Befehl des Hauptmann Mehler in deren Hofburg zurück. Die beiden jungen Brüder des Grafen Bernhard eilten Hilfe suchend nach Bückeburg, zum Grafen Otto von Holstein-Schaumburg, welcher sie zwar gastlich aufnahm, aber nur vermittelnd für sie wirken wollte. Graf Bernhard aber, von Rache getrieben, suchte vergebens bei der Regierung zu Paderborn und an den Höfen zu Kassel und Braunschweig Unterstützung, um mit Gewalt der Waffen sich wieder in den Besitz des Landes zu setzen, in welchem nirgend mehr sich nach jenem Vorgange auf dem Schlosse für ihn ein Stützpunkt bot und aus Detmold selbst, wo er durch Besatzung und einen durch seine Beamten sich erworbenen Anhang, die Einwohner sich unterwürfig gemacht, war Alles entflohen oder von den Bürgern vertrieben worden, was im Verdacht stand, zu seiner Partei zu gehören, und je offener nun dort Alle für die Gräfin Katharine sich erklärten, seit die starke Schloßwache der Grafen die Bewohner der Residenz nicht mehr in Furcht hielt, je verzagter und stiller waren die geheimen Anhänger der Grafen geworden, die nur zu deutlich sehen mußten, wie überall in Stadt und Land das Ansehen derselben gesunken war und überall mit Hohn und Verachtung über die Handlungsweise geurtheilt wurde. — Diese für die Gräfin Katharine günstige Umstimmung der öffentlichen Meinung hatte der Stadthauptmann von Lemgo und die nun wieder nach Detmold zurückgekehrten fürstlichen Räthe dazu benutzt um in Amthäusern und Schlössern der Gräfin treu ergebene Beamte einzusetzen und mit zuverlässiger Besatzung zu versehen, während die Besatzung des Schlosses Horn als Gefangene nach Detmold abgeführt worden war und von dort aus des Landes verwiesen wurde. Die Gräfin selbst aber schritt nun auch gegen die Hauptaufwiegler und Helfershelfer der Grafen mit Strenge ein und ließ den Landdrost von Post nebst dem Notar Röbbigh verhaften und deren Papiere versiegeln, aus ihrem Witthum Horn aber Alle vertreiben, die es mit der ihr feindlichen Besatzung und deren Anführern gehalten hatten, und war nach wenigen Tagen, soweit es inmitten der kriegerischen Stürme jener Zeit möglich war, wieder Herrin des Landes.

Der Schloßcommandant de Wrede, welcher gefesselt nach Hamm geschafft worden war, hatte jedoch Gelegenheit gefunden, zu entfliehen und war in kasselsche Dienste getreten von wo aus er dem Lippeschen Lande durch verheerende Streifzüge noch manches Unheil bereitete, und an welchem auch Graf Heinrich Theil nahm und mehrfach aus den schutzlosen kleinen Städten die angesehensten Bewohner als Geißeln fortschleppte, um sie gegen Diejenigen der Anhänger der gräflichen Brüder, welche sich noch in den Gefängnissen des Landes befanden, wieder auszuliefern, wie dies mit dem Landdrost von Nübel geschah, der wieder frei gegeben wurde, als von Post und Röbbigh das Gefängniß verlassen hatten. Die Schweden aber, mit deren Macht die Gräfin bedroht, welche bald auch das Land Lippe auf kurze Zeit besetzt hielten, ließen die Gräfin ungestört im Besitz ihrer Macht, da Feldmarschall Banner die Gräfin Katharine als deren Oheim, in Schutz genommen hatte, und nichts in deren Residenz änderte, als daß er die vom Grafen zur Wahl dort zurückgelassene Besatzung entfernte, und eine schwedische Garnison in Stadt und Schloß legte, die sich jedoch nach dessen Entfernung bald wieder auflöste, worauf der Stadthauptmann von Kalm die Stelle eines Schloßcommandanten und Befehlshaber der Lippe'schen Truppen übernahm und mit den zuverlässigsten seiner Soldaten die Hofburg besetzte.

Durch diese veränderte Stellung war von Kalm und dessen Gattin Sophie wieder in unmittelbarer Nähe der Gräfin und dieser die Freude geworden, ihre treue Freundin wie früher stets um sich zu haben. Seit langer Zeit hatte sich Katharine nicht so froh und glücklich gefühlt, als nun, obgleich fortwährend die Sorgen um das Schicksal ihres Landes ihr Herz oft mit Furcht und Bangen erfüllte, da der in Deutschland ununterbrochen wüthende Krieg auch das Lippe'sche Land hart und schwer berührte.

Durch Vermittelung und viele Geldopfer wurden nach und nach die, durch bittere Täuschungen hinsichtlich der Hilfe ihrer Freunde nachgiebig gewordenen Grafen, mit dem Ansprüche befriedigt, nur Graf Bernhard, welcher namentlich das Amt Varnholz für sich beanspruchte, verlor alle Hoffnung auf dasselbe, als am 14. Juni 1641 eine neue kaiserliche Confirmation des Einzugsvertrages und ein kaiserliches Mandat erschien, wodurch Katharine als Besitzerin des Schlosses und als Regentin ihres unmündigen Erstgeborenen geschützt wurde und das Reichskammergericht alle Ansprüche Bernhard's für null und nichtig erklärte.

Die Gräfin vermählte sich, nach einer Reihe stürmischer und angstvoller Jahre zum zweiten Male mit dem Herzog Philipp Ludwig von Holstein; von ihren drei Söhnen aber kam keiner zur Regierung des Landes Lippe, denn die beiden Jüngeren starben an den Blattern, und dieser Krankheit erlag auch der Aelteste, mehrere Jahre später, welcher bereits mit einer Tochter des Generals Grafen von Holzapfel verlobt war und auf einer Reise nach Italien in Florenz am 9. Juni 1650 starb.

Nun endlich gelangte Graf Bernhard an das Ziel seiner ruhelosen und ehrgeizigen Bestrebungen und trat im Jahre 1650 die Regierung des Landes Lippe an; als aber die Leiche des ältesten Sohnes der Gräfin Katharine am 10. Juni 1652 in die Familiengruft zu Blomberg beigesetzt wurde, raffte auch ihn der Tod hinweg.

Katharine überlebte den Tod ihres ältesten Sohnes nicht. Sie starb am 24. November 1649 zu Köln im 37. Lebensjahre und ruht in der Nicolaikirche zu Lemgo.

Der Schloßhauptmann von Kalm aber, welcher auch unter der Regierung des Grafen Bernhard im Besitz seiner Stelle blieb, sah mit Sophien noch eine lange Reihe von Jahren vorüberziehen, trübe und traurig für Deutschland, aber für Beide voll stillen häuslichen Glückes.

IV.

Aus der Werbezeit.

In einem geräumigen Zimmer des zweiten Stockwerkes eines der ältesten Häuser der freien Reichs- und Hansestadt Bremen, in dessen Erdgeschoß sich das Comtoir des Kauf- und Handels-Herrn Daniel Benecke befand, saß eines Sonntags Vormittags im Februar des Jahres 1770 ein ältlicher Herr auf einem mit Büchern und Landkarten bedeckten Sopha, während überall auf Tischen und Stühlen riesige Folianten neben Zeitungsblättern in dem bescheidenen Formate des achtzehnten Jahrhunderts umherlagen.

„Kind, verpacke mir nichts!" rief der Bewohner des Zimmers, der Professor Benecke, Bruder des Kaufherrn, einem jungen Mädchen zu, welches mehrere dieser überall umherliegenden Druckschriften vom Sopha wegräumen wollte.

„Aber, Oheim, ich muß mir doch Platz verschaffen, wenn ich mich an Deine Seite setzen will," entgegnete munter die neunzehnjährige Unruhestifterin, deren Wangen von der Röthe der Gesundheit lieblich überhaucht und aus deren dunklen, mit schön gezeichneten Brauen überwölbten Augen froher Jugendmuth und heiteres Selbstvertrauen leuchtete. Mit schalkhaftem Lächeln blickte sie jetzt auf den alten Herrn, welcher mit ängstlicher Sorgfalt all' die von der Nichte zusammengepackten Bücher nun auf verschiedene Tische und Stühle vertheilte.

„Ich muß heute mit Dir sprechen," fuhr das junge Mädchen fort und nahm neben dem Oheim auf dem Sopha Platz, indem plötzlich ein wehmüthig ernster Ausdruck das liebliche Antlitz überschattete. „Ich muß mir Rath und Trost bei Dir holen, da ich nach meiner lieben Mutter Tode im ganzen Hause ja Niemand habe, als Dich, zu dem ich wirklich Vertrauen fasse."

„Wofür mir aber Dein Vater wenig Dank weiß, der mir nicht einmal verzeihen kann, daß ich Dir gestattet, mich mit Du anzureden," entgegnete der Oheim und betrachtete forschend die Nichte. „Nun, was sind das denn für wichtige Dinge, die Dich so ernst stimmen?"

„Ja wohl, Oheim, sehr ernst!" entgegnete diese. „In den nächsten Tagen soll der einzige Sohn des ältesten Freundes meines Vaters hier eintreffen."

„Davon habe ich gehört," entgegnete der Professor. „Der Sohn des Millionärs van der Buren aus Rotterdam, wie ihn mir Dein Vater genannt. — Aber darin sehe ich noch nichts, was Dich beunruhigen könnte."

„Ach, guter Oheim," rief Auguste seufzend, „dann weißt Du wohl auch nicht, warum dieser junge Holländer zu uns kommt?"

„Nun, ich denke, er soll im Comtoir der Firma Benecke einige Zeit als Volontair dienen, um auch von den Geschäften auf hiesigem Platze ein Bild zu erlangen," versetzte der alte Herr und griff nach seiner auf dem Tische stehenden silbernen Dose, aus welcher er bedächtig eine Prise nahm.

„Ich weiß es besser Oheim, wenn auch der Vater es mir verschweigt. Dieser junge Herr soll mich näher kennen lernen und, wenn ich Gnade vor seinen Augen gefunden, um meine Hand anhalten, die ihm, wie es scheint, im Voraus schon zugesagt ist."

„Nun, da kann man ja der Jungfer Nichte bald gratuliren," sprach lächelnd der Professor.

„Aber, lieber Oheim, ich kann ja diesen Menschen nicht heirathen und wenn es der Beste unter der Sonne wäre!" rief eifrig Auguste. „Du selbst bist ja Zeuge gewesen, wie ich meinem lieben braven Günther geschworen, nie einem Andern als ihm angehören zu wollen.

„Leider bin ich schwach genug gewesen, Euch zu gestatten, hier in diesem Zimmer Eure Liebesschwüre auszutauschen," schalt der Oheim, als zürne er mit sich selbst. „Was aber willst Du denn nun noch von mir?"

„Was ich von Dir will?" fragte Auguste überrascht zurück. „Du sollst Dich meiner annehmen, wenn mir Unglück droht, wie Du es meiner verklärten Mutter versprochen. Du sollst meinem Vater, der mein Herz wie einen Handelsartikel betrachtet, erklären, daß Günther mir nicht gleichgiltig ist, und sollst ihm in's Herz reden, daß, wenn sein Buchhalter, der ja sein volles Vertrauen schon längst besitzt, es wagen sollte, bei ihm um mich zu werben, er denselben nicht hoffnungslos von sich weise."

„Kind, das würde nichts helfen, wenn Dein Vater für Dich gewählt," bemerkte kopfschüttelnd der Professor.

„Nun," entgegnete die Nichte mit fester Stimme, „willst Du nicht für mich beim Vater eintreten, dann muß ich selbst ihm erklären, daß mein Herz nicht mehr frei und für wen es in treuer Liebe schlägt."

Des Oheims Blick ruhte staunend einige Secunden auf

der würdevollen Gestalt der Jungfrau, die erwartungsvoll auf ihn schaute; tief aufathmend begann endlich der alte Herr:

„Nun wohl, ich will es morgen wagen, mit Deinem Vater ein ernstes Wort zu sprechen; aber obschon Günther seinem Hause gute Dienste geleistet, habe ich doch wenig Hoffnung, daß meine Fürsprache zu Eurem Besten führt. Dir übrigens traue ich zu, daß Du das Schlimmste über Dich ergehen läßt, ohne in Deinem Entschlusse zu wanken, und oft habe ich gewünscht, daß Deine gute, selige Mutter nur die Hälfte Deines festen Willens besessen, sie hätte sich dann viele der trüben Stunden erspart, die ihr durch stetes geduldiges Fügen in die Launen ihres Eheherrn bereitet wurden."

„Und ich werde meinen Günther ermahnen, daß er dem ersten Zornanlaufe des Vaters die nöthige Ruhe entgegen= setzt und, nicht ebenfalls in Hitze gerathend, Alles verdirbt," bemerkte Auguste lächelnd, gab dem Oheim einen herzhaften Kuß und verließ das Zimmer.

„Gott erhalte Dir Deinen fröhlichen Muth, Du gutes Kind!" sprach der alte Herr still für sich und kehrte ernst gestimmt zu seinen Büchern zurück.

Der Professor Benecke war der älteste zweier Söhne, welche der Gründer der rühmlichst bekannten Firma Daniel Benecke hinterlassen. Dieser hatte sich vom unvermögen= den Mäkler zum reichen Kauf= und Handelsherrn in Bremen emporgeschwungen, dessen Firma an den Küsten= städten des stillen Oceans, sowie in den Hafenplätzen des weißen Meeres bekannt war. Zu seinem nicht geringen Verdrusse mußte er bemerken, wie sein Erstgeborner weit mehr Neigung zeigte, sich zum Gelehrten als zum Kaufmann zu bilden, mit unermüdlichem Eifer wissenschaftlichen Studien oblag und nach seiner Rückkehr von der Universität sich hinter seinen Büchern vergrub. Der jüngere Sohn hingegen kam dem Wunsche des Vaters entgegen und widmete sich dem Kaufmannsstande. Nach des Vaters Tode trat daher dieser auch als Chef der Handlung ein; der ältere Bruder aber nahm einen Ruf als Professor nach Göttingen an, gerade in dem Augenblicke, da Jener die Tochter eines reichen Senators als Braut zum Altare führte, die er selbst im Stillen geliebt, der er aber nie gewagt, diese Liebe zu gestehen. Indeß schon nach wenigen Jahren kehrte er nach Hause zurück und bezog seine frühere Wohnung im elterlichen Hause, um von da an der vertraute Freund der einstigen Geliebten zu werden, die infolge des bis zur Rücksichtslosigkeit herrschsüchtigen Charakters ihres Gatten, nur wenig der heiteren Stunden im ehelichen Leben sich erfreute. Wohl mochte die Liebe, welche der ältere Bruder für die Gattin des Kaufherrn bewahrte, dieser nicht gleichgiltig geblieben und ihr Tod durch ein tieferes Seelenleiden und den Kampf, der zwischen Pflichtgefühl und Herzensneigung in ihrem Innern getobt, beschleunigt worden sein.

Seine liebevolle Zärtlichkeit wendete nun der Professor deren Tochter, dem einzigen Kinde, zu, welches die Entschlafene ihrem Gatten hinterlassen. Auguste, zur Jungfrau herangewachsen, zeigte sich empfänglich für alles Edle und Schöne, bekundete aber zugleich eine staunenswerthe

Festigkeit und Entschlossenheit in allen ihren Handlungen, auch gewöhnte sich bald ihr Vater, der, von Geschäften überhäuft, sich wenig um das Innere seines Hauswesens kümmern konnte, daran, daß das einsichtsvolle Mädchen das Regiment daselbst führte.

Durch den Fall eines englischen Banquierhauses wäre auch die Firma Benecke in Gefahr gekommen, gestürzt zu werden, wenn nicht die rasche Entschlossenheit Günther's, des zweiten Buchhalters, die betreffenden Capitalien kurz zuvor in Sicherheit gebracht hätte; ebenso leistete bald darauf der Buchhalter seinem Chef einen noch wesentlicheren Dienst, indem er den guten Namen desselben aus einem mit Schmuggelei verbundenen Handelsgeschäfte rettete.

In Anerkennung dieser Dienste hatte der Kaufherr den noch jungen Mann zu seinem ersten Buchhalter ernannt. — Günther, welcher als stiller Verehrer der lieblichen Tochter seines reichen und stolzen Chefs gar bald merkte, daß auch Auguste ihm nicht abgeneigt war, fand eines Nachmittags, als er sich nach der Wohnung des Professors begeben wollte, um mit diesem, dessen Vermögen von dem Bruder verwaltet wurde, über eine geschäftliche Angelegenheit zu sprechen, dort die Geliebte allein und entdeckte derselben seine längst für sie gehegte Liebe, sank zu ihren Füßen und ward von ihr in demselben Augenblicke umarmt, in welchem der Professor, mit neu empfangenen Büchern beladen, in's Zimmer trat, der nun fast erschrocken über den sich ihm so unerwartet bietenden Anblick an der Thür wie fest gebannt stehen blieb.

Bald aber hatten die beiden Liebenden den gutherzigen und gemüthvollen Professor für sich gewonnen, welchen die väterliche Liebe, die er für seine Nichte hegte, die Kluft übersehen ließ, die sich zwischen dem armen Buchhalter und der reichen Kaufmannstochter in Folge des Stolzes ihres Vaters ausdehnte. Die Gelegenheit zu der beabsichtigten Unterredung mit dem Bruder bot sich ihm noch an demselben Tage, denn der Kaufherr, der das Arbeitszimmer des Bruders seit langer Zeit nicht betreten, besuchte ihn am Nachmittag desselben Sonntags ganz unerwartet.

„Nun, gelehrter Herr Bücherwurm," begann der Kaufherr, der in fröhlicher Weinlaune von einem Festmahle nach Hause gekommen war, welches die Stadt Bremen dem auf einer Durchreise begriffenen Erbprinzen von Hessen-Kassel gegeben, ‚ich muß doch einmal sehen, was Du in Deinem Dachsbau treibst, während da draußen in der Welt die seltsamsten Dinge vor sich gehen, von denen allerdings in Deinen römischen und chaldäischen Folianten nichts zu finden ist."

„Es wird wohl nicht viel Erfreuliches sein, was man jetzt auf dem großen Welttheater in Scene setzt," entgegnete lächelnd der Professor und räumte in Eile den nächsten mit Büchern bedeckten Stuhl für den Bruder ab. „Aber erfreulich ist es mir, daß Du meine bescheidene Clause auch einmal mit Deinem Besuche beehrst, ich werde mir diesen Tag besonders im Kalender bezeichnen."

„Nun, wenn ich auch selten komme, so besucht Dich Auguste desto häufiger," bemerkte neckend der Bruder, „und da ich weiß, daß Dich Alles interessirt, was auf deren jetziges und künftiges Wohl Bezug hat, so bin ich eben gekommen, um Dir mitzutheilen, daß der Sohn meines alten Freundes, des reichen Kaufmanns van der Buren in

Rotterdam, in wenigen Tagen hier eintreffen wird, um als Volontair in meinem Comtoir sich mit den hiesigen Geschäften etwas vertraut zu machen. Doch" — bei diesen Worten faßte er den Professor etwas schärfer in's Auge, „davon wirst Du wohl schon von Deinem Lieblinge unterrichtet worden sein?"

„Du hast es mir selbst schon mitgetheilt," entgegnete der Professor ernst und ruhig.

„Aber daß ich diesen jungen, reichen Mann zu meinem Schwiegersohne mir ausersehen habe, davon weißt Du doch wohl noch nichts?" fuhr der Kaufherr fort.

„Dies habe ich allerdings erst heute durch Deine Tochter erfahren," antwortete der Professor in derselben gemessenen Weise.

„Und es überrascht Dich nicht?"

„O, doch; die Nachricht der von Dir beabsichtigten Verbindung kann mir nicht gleichgiltig sein; kommt doch Augusten's ganzes Lebensglück dabei in Frage."

„Das Glück meines Kindes wünsche ich als Vater vor Allem," bemerkte hierauf trocken der Kaufmann, und Auguste kann es ihrem Schicksal nur Dank wissen, daß sie die Gattin eines Mannes wird, der mir als ein eben so solider, wie kenntnißreicher junger Mann geschildert wurde, dem die Thorheiten seiner Altersgenossen fremd sind, und welcher jetzt mit schwerem Herzen von seinem Vater nur in die Welt geschickt wird, damit er diese und zugleich seine künftige Gattin kennen lerne."

„Wird aber Auguste bei all' den gerühmten Vorzügen dieses jungen Mannes ihn liebgewinnen?" fragte der Professor ernst zurück. „Und soll sie, wenn Liebe zu ihm fremd bleibt, zu dieser Verbindung gezwungen werden?"

„Höre, Professor, laß uns offen mit einander sprechen," entgegnete der Kaufherr, in einen vertraulichen Ton übergehend. „Ich weiß, meine Tochter ist ein gutes Kind ohne Arg und Falsch, aber sie ist willensstark und hat für ihr Alter eine seltene Charakterfestigkeit, daher würde ich Dir, auf dessen Wort sie so viel giebt, aufrichtig dankbar sein, wenn Du ihr recht ernst ins Herz reden wolltest, den Plan, den ich zu ihrem künftigen Glück entworfen, nicht durch Eigensinn zu zerstören, und wenn ihr der junge, schüchterne Mann nicht mißfällt, den sie, nebenbei gesagt, bei etwas Lebensklugheit sich vielleicht sehr leicht nach ihrem Geschmack und Willen bilden kann, ihr Jawort nicht zu verweigern."

„Aber wenn er ihr nun nicht gefällt, wie dann?" fragte gespannt der Professor.

„Nun, dann muß die Zeit die Rolle der Vermittlerin übernehmen," entgegnete der Kaufherr. „Und wenn," setzte er nicht ohne Anflug von Bitterkeit hinzu, „sich nicht feindliche Elemente dazwischen drängen, so hoffe ich, daß Auguste vernünftig genug ist, meinem Willen Folge zu leisten."

„Höre, Daniel," begann jetzt der Professor nach einem kurzen inneren Kampfe mit sich selbst, „Du willst von mir als Bruder Offenheit; nun denn, ich glaube, Du weißt sehr gut, wie ich stets offen gegen Dich gewesen, Du weißt aber auch, daß unsere beiderseitigen Ansichten über Lebensglück sehr verschieden sind und daß ich —"

„Aber um's Himmelswillen, komme mir nicht mit einer moralischen Vorlesung!" rief ungeduldig der Kaufherr und sprang von seinem Stuhle auf.

„Bleib, Du mußt mich hören!" rief der Professor mit einer Strenge und Festigkeit der Stimme, wie sie der Bruder von ihm noch nie gehört. „Bleib, ich beschwöre Dich bei dem Andenken an Deine verklärte Gattin, die immer schweigend geduldet, wenn Du sie kränktest durch Dein despotisches Wesen."

„Aber, Bruder, was sollen diese Vorwürfe!" rief gereizt der Kaufherr.

„Sie sollen Dich erinnern, Deine Tochter nicht herzlos einem Plane zu opfern, den Du nur gefaßt, um noch mehr Glanz an Dein Haus zu fesseln!" fuhr der Professor mit erhobener Stimme fort, „Du sollst von mir erfahren, daß Augustens Herz nicht mehr frei ist."

„Wie? —" unterbrach ihn hier der Bruder, mit finsterem Blicke ihn anstarrend.

„Du sollst von mir erfahren," fuhr der Professor fort, ohne sich durch die Aufregung des Bruders stören zu lassen, „daß Derjenige, der Deiner Tochter Liebe besitzt, auch Dir werth und Dein volles Vertrauen genießt, und daß ich selbst für ihn — Deinen Buchhalter Günther — als Werber um Deiner Tochter Hand auftrete!"

Bei den letzten Worten, die der Professor mit weicher, bittender Stimme gesprochen, war er dem Bruder näher getreten und hatte dessen Hand erfassen wollen. Dieser aber trat, die dargebotene Hand von sich weisend, einen Schritt zurück, und eine dunkle Zornesröthe überflog sein Antlitz. „Also doch nicht geirrt," begann er nach einer kurzen stummen Pause. „Du mit im Complot der Tochter hinter des Vaters Rücken! Du der Beschützer und Brautwerber eines Menschen, den ich einst aus Gnade und Barmherzigkeit als armen

Schlucker in mein Haus aufnahm und der nun, da er brauchbar geworden, sich wohl schon als unentbehrlich betrachtet und die Augen auf die Tochter des Hauses wirft, dessen Ruf und Wohlstand ihn anlockt!"

„Sprich nicht so über den Mann, der Deiner Firma Ehre aus einem schmuzigen Handel rettete!" rief empört über diese Schmähungen der Professor.

„Ja, er hat sich als Kaufmann klug und zuverlässig gezeigt," entgegnete grollend der Kaufherr. „Aber ein Recht auf die Hand meiner Tochter kann ihm dies Alles nicht erwerben, und da ich sehe, wie Du über diese Angelegenheit denkst, so soll zwischen uns davon nicht weiter die Rede sein."

„Daniel, gehe nicht so von mir!" rief der Professor sichtbar bewegt und trat dem sich wendenden Bruder in den Weg; „versprich mir, nicht hart gegen Auguste zu sein, weil ihr Herz schon gewählt, und bedenke, daß Du nur dies eine Kind hast und all' Dein Reichthum sie Dir nicht wiederbringen kann, wenn ihr Herz in Folge Deiner Härte bricht!"

„Als ich van der Buren mein Wort gab, seinen Sohn hier aufzunehmen, gleich dem eigenen Sohne, konnte ich nicht ahnen, daß gegen Zucht und Sitte meine Tochter geheime Liebschaft treibe hinter meinem Rücken unter dem Schutze ihres Oheims;" entgegnete finster der Kaufmann, „nun aber muß ich prüfen, ob diese Liebe wohl so fest schon gewurzelt ist, daß väterlicher Wille dagegen nichts vermag und blinde Leidenschaft ihr Ohr der Stimme der Vernunft verschließt!"

Mit diesen Worten verließ der Kaufmann das Zimmer; der Professor aber blickte ihm seufzend nach und sagte sich:

„Ich konnte es im Voraus wissen, daß ich mit meiner

Fürbitte nichts erlangen würde, und ich fürchte, der heitere Friede dieses Hauses wird auf lange Zeit gestört sein, wenn nicht Augustens fester Wille des Vaters harten Sinn noch beugt."

—   —

Es war noch finster in den inneren Straßen der Stadt, als in der achten Morgenstunde des anderen Tages der Buchhalter Günther in das Comtoir der Firma Benecke trat. In diesem hatte der Markthelfer soeben die Fenster= laden geöffnet. Staunend rief er dem Eintretenden zu:

„Ei, Herr Buchhalter, Sie schon so zeitig hier?" zün= dete dann die Lichter an dessen Schreibpult an und ging, da er auf seine Frage keine Antwort erhalten, leise etwas vor sich hinbrummend hinaus.

Der Buchhalter aber, als er sich allein sah, stützte ge= dankenvoll den Kopf mit der flachen Hand und blieb eine Zeit lang in ernstes Nachdenken versunken, richtete sich dann auf und durchschritt in heftiger Aufregung das Zimmer.

Günther war ein junger Mann, achtundzwanzig Jahre alt, mit einem offenen, Vertrauen erweckenden Blicke und einer freien edlen Stirn. Das Haar war nach der thyran= nischen Mode jener Zeit sorgfältig gepudert und zu einem tadellosen Zopfe gebunden. Die kurzen enganliegenden Bein= kleider und die prall sitzenden Strümpfe hoben die kräftige Gestalt desselben vortheilhaft hervor. Er hatte durch den Professor den Inhalt des Gesprächs der beiden Brüder er= fahren und wußte, daß auch die Tochter an dem Abend desselben Tages vergebens Alles aufgeboten, um das Herz

des Vaters zu bewegen, dann aber auf alle ihr gemachten
Vorwürfe und Drohungen auf das Entschiedenste erklärt
hatte, nie einem andern Manne, als Günther, ihre Hand
reichen zu wollen. Die nächste Stunde mußte für Günther
entscheiden, ob er je Hoffnung hegen könne, die Träume
seines Glückes verwirklicht zu sehen, oder ob er für immer
aus der Nähe der Geliebten scheiden müsse, um einer trüben
trostlosen Zukunft entgegen zu gehen. Ein Gefühl wehmuths=
vollen Bangens, wie es dem eben so lebensfrohen, als muth=
vollen jungen Manne sonst fremd, durchbebte sein Herz,
und mit fieberhaft ängstlicher Spannung harrte er des
Augenblicks, wo sein Chef eintreten würde.

Nach einer qualvoll verlebten Stunde, während welcher
das gesammte Personal des Comtoirs sich in demselben ein=
gefunden, trat der Kaufmann ein, den ersten Blick auf den
Buchhalter gerichtet, welcher sich unwillkürlich erhob. Ein
Wink des Principals beschied denselben in's Cabinet. Nach=
dem hier der Kaufherr den jungen Mann einige Secunden
ernst und forschend betrachtet, begann er:

„Herr Günther, die Treue, welche Sie für unser Haus
an den Tag gelegt, hat Ihnen die erste Stelle in meinem
Comtoir verschafft, in welchem die Söhne der bedeutendsten
Handelshäuser Deutschlands es sich zur Ehre anrechnen als
Volontaire einzutreten. Sie aber haben Ihren Blick auf
noch Höheres gerichtet, Sie haben hinter meinem Rücken
sich um die Gunst meiner Tochter beworben, leider hat
Auguste, unerfahren und arglos, diesen Werbungen Gehör
gegeben. So hat sich ein Verhältniß gebildet, welches ich
nicht länger dulden darf.

Diese letzten Worte waren mit so herzloser, froftiger

Stimme gesprochen worden, daß die Röthe des gekränkten Stolzes das Antlitz des jungen Mannes bedeckte, welcher all' seine Fassung wieder erlangt und nun ernst und ruhig entgegnete:

„Herr Benecke! Ich würde nicht länger verschwiegen haben, wie all' mein Sehnen und Trachten danach gerichtet war, mich des Glückes theilhaftig zu machen, Ihnen einst näher zu stehen. Nach der Erklärung aber, die Sie mir jetzt gegeben, bleibt mir Nichts übrig, als hoffnungslos Ihr Haus zu verlassen. Doch glauben Sie mir, mein Herr, es werden Ihnen keine Freuden aus dem Plane erblühen, einen Millionär zum Schwiegersohne zu erlangen, wohl aber oft Kummer und Vorwürfe den Herbst Ihres Lebens verbittern."

„Mein Herr Buchhalter!" begann der Principal mit einem kalten Lächeln, als der junge Mann geendet und nun wie befreit von einer schweren Last, tief aufathmete. „Es scheint, als habe der Herr Professor Ihnen eingeflüstert, was Sie mir entgegen halten sollen, denn fast dasselbe hat auch dieser Protector Ihres geheimen Einverständnisses mit meiner Tochter mir zu hören gegeben. Indeß will ich es doch darauf ankommen lassen, was daraus für die Zukunft mir erwachsen wird; vor der Hand muß erst hier insofern eine Aenderung eintreten, als es eben nöthig ist, daß Ihnen und meiner Tochter jede Gelegenheit genommen wird, sich zu nähern."

„Also Trennung, wie ich gefürchtet!" rief der Buchhalter, den Kaufherrn unterbrechend.

„Lassen Sie mich aussprechen, Günther," fuhr dieser ernst, aber etwas freundlicher fort, „der Zufall will es, daß Sie, auch wenn diese Angelegenheit nicht zur Sprache ge=

kommen wäre, in Geschäften unseres Hauses auf längere
Zeit sich von Bremen entfernen müssen, da wir, wie Ihnen
bekannt, die Verproviantirung der Hilfstruppen, welche der
Landgraf von Hessen auf mehrere Jahre der Krone von
England überlassen hat, von Bremer Lehe bis Plymouth
auf Rechnung der großbritannischen Regierung übernommen
haben. Die Nachricht, daß die Feindseligkeiten in den
nordamerikanischen Colonien eingestellt sind, ist eine grund-
lose gewesen, die Rüstungen werden von England groß-
artiger als je betrieben, und das hessische Hilfscorps wird
in den nächsten Tagen von Kassel aus über Bremen zur
Einschiffung in Lehe eintreffen. Der Oberst von Etzdorf
und Amtmann Heinze werden als Hannöversche Commissäre
bis nach Beendigung der Einschiffung in Lehe gegenwärtig
sein, wohin auch Sie sich sofort zu begeben haben; mit
diesen Herren werden Sie sich über Geschäftsangelegenheiten
nicht aussprechen, wohl aber dürfte es von Vortheil sein,
wenn Sie denselben Ihren Besuch machen und sie bitten,
unserem Hause wohlwollende Berücksichtigung zu schenken.
Vor Allem haben Sie sich mit dem englischen Obersten
Faucit über Alles auf das Genaueste zu verständigen, da
dieser Officier es ist, welchem die Leitung der Einschiffung
dieser Truppen übertragen worden, und welcher, wie Ihnen
erinnerlich, alle von uns gestellten Bedingungen im Namen
der Krone Englands genehmigt hat."

„Herr Benecke, Sie schenken mir so viel Vertrauen!"
rief freudig überrascht durch diesen Auftrag der Buchhalter,
während der Chef sich an seiner Ueberraschung erst zu er-
götzen schien, aber bald wieder mit kaltem Lächeln ihn betrachtete.

„Ich hoffe, daß Sie ein solches rechtfertigen werden," fuhr der Kaufherr fort, „Instructionen und Vollmachten liegen für Sie bereit, die Comtoristen Braun und Rüder begleiten Sie, und im Gasthofe „Zum goldenen Anker" richten Sie Ihr Comtoir ein, ich selbst werde inzwischen hier in Bremen ebenfalls mit Geschäften überhäuft sein und daher nur dann nach Lehe kommen, wenn außerordentliche Vorgänge meine Gegenwart nöthig machen."

„Und was wird, wenn ich in Lehe diese Geschäfte zu Ihrer Zufriedenheit beendigt, hier mein Loos sein?" fragte Günther und richtete den Blick ernst auf seinen Principal.

„Ueberlassen wir dies der Zeit," entgegnete dieser ausweichend. „Sie aber werden heute Nachmittag um 2 Uhr von hier nach Kassel abreisen, wo der landgräflich=hessische Armee=Intendant, Oberst von Mirbach, Ihnen schriftlich noch mittheilen wird, was vielleicht seit Abschluß unseres Contractes sich hinsichtlich dieser abzusendenden Truppentheile geändert hat. Von Kassel werden Sie direct, ohne Bremen zu berühren, nach Lehe reisen, wo unterdessen auch die für Ihr Comtoir gewählten Personen eintreffen und wo Ihnen unser Agent, der Mäkler Michelsen, mit Rath und That zur Seite stehen wird."

„Sie gestatten doch wohl, daß ich mich von Denjenigen verabschiede, die in diesem Hause sich gegen mich stets wohlwollend erwiesen?" fragte der junge Mann nicht ohne eine bange wehmüthige Aufwallung.

„Warum sollte ich verweigern, was ich doch wohl nicht verhindern könnte," entgegnete spöttisch der Kaufherr, „nur vergessen Sie nicht, daß um 2 Uhr die Post abgeht und um 12 Uhr hier Alles bereit liegt, was Sie zu Ihrer Autorisation bedürfen."

„Ich werde nicht auf mich warten lassen," sprach Günther sich verbeugend und entfernte sich.

Als der Kaufherr sich allein sah, blieb er noch einige Minuten sinnend an seinem Pulte stehen, dann aber strich er sich mit der flachen Hand über die Stirn, als wolle er einen unangenehmen Gedanken entfernen und sprach: „Wenn ich mein Wort nicht van der Buren gegeben, so würde mir diese erste jugendliche Schwärmerei meiner Tochter nicht so unwillkommen sein; da aber bescheidene Millionäre als Schwiegersöhne nicht so häufig sind, so muß der Herr Buchhalter sich schon wo anders eine Braut suchen."

Punkt zwei Uhr fuhr der Buchhalter Günther als Bevollmächtigter des Bremer Handelshauses Benecke nach Kassel. An den geröteten Augen seiner Tochter erkannte der Vater, daß der Abschied den Liebenden sehr schwer geworden war. Der Professor ging ernst und verschlossen umher, aber auch über Augustens Lippen kam kein Wort, und als sie am Abend dieses Tages sich mit dem Vater allein befand und dieser ihr mittheilte, daß der junge Holländer in den nächsten Tagen eintreffen könne, entgegnete sie ruhig: „Ich werde ihm alle die Aufmerksamkeit erweisen, die ich dem Sohne von dem Freunde meines Vaters als solchem schuldig bin, mehr aber, mein Vater, kann er nicht erwarten und wenn ihn alle Tugenden schmückten, die je einen Mann geadelt."

„Und wenn ich nun nimmer meine Einwilligung zu einer Verbindung mit Günther gebe und meine Hand von Dir abziehe?" fragte in stillem Ingrimm der Vater.

„Dann wird der Oheim sich meiner annehmen, wie er es meiner Mutter auf dem Sterbebette geschworen, und sollte auch diese Hilfe mir fehlen, so würde ich das Brot, das mir der Vater verweigert, mir unter fremden Leuten verdienen," entgegnete Auguste eben so ruhig und ernst und verließ das Zimmer.

Der Vater aber, der in auflobernbem Zorne während dieser Entgegnung wild mit dem Fuße gestampft, versank in finsteres Brüten, all' seinen Groll auf den Buchhalter werfend, der einen Plan ihm zu durchkreuzen drohte, an dessen Ausführung er nie gezweifelt.

———

Zu Ende des Monats Februar 1776 glich die freie Reichs- und Hansestadt Bremen und deren Umgebung, trotz des tiefen Friedens, dessen sich Deutschland nach Beendigung des siebenjährigen Krieges auf einige Zeit wieder erfreute, einem großen Kriegslager. Zu Land und zu Wasser trafen die Hilfstruppen, welche der Landgraf von Hessen-Kassel der englischen Regierung zur Bekämpfung des Aufstandes der nordamerikanischen Colonien vermiethet, in Bremen ein, von wo aus sie nach dem sieben Meilen entfernten, unterhalb der Stadt gelegenen Marktflecken Lehe geführt wurden, um dort, wo die Weser nach Einmündung der Geeste in die Nordsee tritt, nach der englischen Hansestadt Plymouth eingeschifft und von da nach Boston geführt zu werden.

Damals, wie noch über fünfzig Jahre später, war Bremerlehe der Seehafen Bremens, da in dem Stadthafen selbst nur Schiffe von breitem Bau und geringem Tiefgange vor Anker gehen konnten. In dem kaum 3000 Einwohner zählenden Marktflecken herrschte daher stets das lebendige

Treiben eines großen Hafenplatzes. Dies war jetzt noch vermehrt durch die Einschiffung der hessischen Hilfsvölker, welche 13,400 Mann stark, zwei Divisionen unter den Befehlen der Generallieutenants von Heister und von Knyphausen bildeten.

Die Hilfstruppen traten vom Tage ihrer Einschiffung an in englischen Sold und wurden den englischen Landestruppen gleichgestellt; die deutschen Fürsten aber, welche diesen Handel mit England abgeschlossen, erhielten dafür Subsidiengelder, die für Hessen-Kassel jährlich gegen eine Million Thaler betrugen und noch zwei Jahre nachgezahlt werden sollten, wenn die Truppen wieder in die deutschen Staaten zurückgekehrt wären.

Es ist dieser Menschenhandel von der Weltgeschichte streng gerichtet worden. —

Das Vermiethen von Hilfsvölkern war zwar Jahrhunderte hindurch in Europa üblich gewesen, aber die Art und Weise, wie diese deutschen Truppen geworben worden waren, sprach allem menschlichen Gefühle Hohn und stand mit dem fluchwürdigen Treiben der sogenannten Seelenverkäufer in gleicher Linie. Handgeld und hoher Sold zogen eine Masse vagabundirenden Gesindels unter die Fahnen; aber auch fleißige Arbeiter und Ernährer von Familien sowie junge Handwerker und Künstler wurden bei Mangel an Vorsicht durch brutale Gewalt den Werbern und deren Helfershelfern in die Hände geliefert, die damals in den vielen deutschen Reichsstädten überall ihre Quartiere aufgeschlagen und abwechselnd für alle großen und kleinen Mächte Europa's warben.

Es dürfte den Geist der damaligen Zeit charakterisiren,

wenn man in den Zeitungen aus jenen Jahren findet, wie in den Kirchen derjenigen deutschen Staaten, welche ihre Truppen an England vermiethet, Gebete für deren glückliche Seereise, Sieg und Heimkehr auf Allerhöchsten Befehl angeordnet worden waren, sowie die Bewohner Hessens sich bei dem Landgrafen bedankten, daß er ihnen für die englischen Subsidiengelder eine Landesabgabe von einigen Groschen (die Schreckenberger genannt) erlassen hatte. —

Doch kehren wir wieder zu unserer Erzählung zurück. Der Bevollmächtigte des Hauses Benecke hatte der erhaltenen Weisung gemäß in Lehe sein Comtoir eröffnet und an dem Mäkler Michelsen einen zuverlässigen Freund gefunden, und nachdem die ersten Transportschiffe aus England angekommen waren, nahmen die Geschäfte, welcher sich die Bremer Firma unterzogen, die Zeit des Buchhalters von früh bis spät in Anspruch. Der Schmerz der Trennung von der Geliebten und das bange Gefühl der Ungewißheit darüber, wie es sich später für ihn im Hause seines Principals gestalten werde, wurden durch die Liebe und Treue athmenden Briefe Augustens gelindert. Die ebenso zärtliche Beantwortung derselben wurde durch die Hand des Professors vermittelt. Uebrigens hatte Günther die Genugthuung, daß alle durch ihn bewirkten Lieferungen nicht nur die Zufriedenheit des Obersten Faucit erlangten, sondern auch seine Abschlüsse der Firma Benecke wesentliche finanzielle Vortheile brachten.

Aber auch der Kauf- und Handelsherr Benecke war in Bremen mit Geschäften überhäuft. Fast alle höheren Officiere der hessischen Hilfscorps hatten Quartiere in der

Stadt verlangt, während die Regimenter in der Umgebung derselben lagerten.

Im Hause Benecke's residirte der Generalmajor von Mirbach nebst Adjutanten und Ordonnanzen zum Schrecken der Tochter des Hauses. Sie hatte an der Tafel des Vaters eine Menge Officiere täglich als Gäste zu bewirthen, die alle bemüht waren, der schönen Tochter des reichen Kaufmanns den Hof zu machen. Diese Gäste zogen bald ab. Und bald waren vier Wochen vergangen, seitdem Günther in Lehe thätig war. Der von dem Kaufherrn mit Ungeduld erwartete Schwiegersohn ließ immer noch nichts von sich hören, wohl aber war von Rotterdam ein Koffer an die Firma Benecke gelangt, nebst einem Briefe des alten Herrn van der Buren, worin dieser seine Verwunderung aussprach, daß er von seinem Sohne noch keine Nachricht erhalten, der doch schon seit mindestens drei Wochen dort eingetroffen sein müsse. Dieser Brief erfüllte den Kaufherrn mit Unruhe, während im Innern Augustens frohe Hoffnungsträume aufstiegen, da diese des sichern Glaubens war, daß es den jungen Herrn wahrscheinlich nicht so gewaltig nach Bremen zöge, derselbe weile vielleicht in irgend einer Stadt Deutschlands, wo es ihm so gefalle, daß er an die Weiterreise nicht denke.

Eines Vormittags endlich erschien der Volontair. Er war ein hochaufgeschossener, magerer junger Mann von blasser, kränklicher Gesichtsfarbe; ein widerwärtiges Lächeln umspielte die bleichen Lippen von Zeit zu Zeit, und eine längst vernarbte Schramme lief quer über die gedrückte Stirn. Das Antlitz aber trug die unverkennbaren Spuren eines ausschweifenden Lebens.

Als sich der neue Volontair und künftige Schwiegersohn den drei Hauptpersonen des Benecke'schen Hauses vorgestellt hatte und nun mit dem Kaufherrn in dessen Arbeitscabinet allein war, begann Letzterer:

„Die Briefe, welche ich mit meinem langjährigen Freunde, Ihrem Herrn Vater, in der letzten Zeit gewechselt, haben Ihnen genügend gesagt, welche Hoffnung wir in Bezug auf Ihre Zukunft gehegt"

„Ich bin davon unterrichtet und es gereicht mir zur hohen Ehre," entgegnete der Volontair und zog eine Brieftasche heraus, aus welcher er mehrere Briefe hervorsuchte und dem Kaufherrn vorlegte, und als dieser durch eine Neigung des Hauptes zu verstehen gab, daß dies die betreffende Correspondenz sei, diese Schreiben wieder an sich nahm.

„Vor Allem, mein Herr van der Buren, wird es darauf ankommen," fuhr Benecke fort, „welchen Eindruck meine Tochter auf Ihr Herz macht; Auguste ist ein offener Charakter, ohne das Mindeste Falsch, und sie wird, im Falle es zu einer Erklärung zwischen Ihnen Beiden kommen sollte, nicht verschweigen, daß Sie einen Nebenbuhler haben, der aber von meiner Seite nicht die geringste Aussicht auf die Erfüllung seiner überspannten Hoffnungen hat, dessen Bild jedoch verdrängt werden muß, und der jetzt, auf längere Zeit abwesend, die Geschäfte meines Hauses in Lehe führt."

„In Lehe?" fragte aufmerksam der Volontair mit Uebergehung der ihm eben gewordenen und so nahe berührenden Mittheilung. „Ach, dort werden jetzt die englischen

Hilfstruppen eingeschifft. Dies Geschäft ist wohl nun bald beendigt?"

„Nun, einige Wochen werden wohl noch vergehen," entgegnete Benecke, verletzt durch diese dem Gegenstande des Gesprächs so fern liegende Frage. In viel ernsterem Tone fuhr er fort: „Was ich dem Vater als treuer Freund versprochen, werde ich dem Sohne halten; aber da es sich hier um das Glück meines Kindes handelt, so muß es Ihre Aufgabe sein, das Herz meiner Tochter zu gewinnen, wenn Sie in der That eine wahre Zuneigung zu derselben fühlen."

„O, daran ist wohl nicht zu zweifeln," stotterte der junge Mann, mehr zerstreut als verlegen. „Ich werde mir alle Mühe geben, das Wohlwollen und die Freundschaft Ihrer holden Jungfrau Tochter zu erwerben, und dann wird auch der Nebenbuhler nicht mehr gefährlich werden."

„Nun, mein Herr," warnte Benecke, dem das eitle Selbstvertrauen des jungen Holländers mißfiel, „meine Tochter ist ein Mädchen von starker Willenskraft; leicht wird es Ihnen nicht werden, den Buchhalter zu verdrängen, aber versuchen müssen Sie es, ehe ich meine Autorität mit in Wirkung bringe."

„O, ich werde versuchen dieses Herz zu gewinnen," entgegnete der Volontair mit süßlichem Lächeln. „Vorerst aber," fuhr er fort und suchte dem auf ihm haftenden Blicke des Kaufherrn auszuweichen, „habe ich noch einige Geschäfte in der Nähe Bremens zu ordnen, die mir mein Vater aufgetragen, dann aber werde ich den ersten Sturm auf das Herz meiner liebenswürdigen Braut wagen."

„Geschäfte in der Nähe Bremens?" fragte aufmerksam

Benecke. „Nun, damit brauchen Sie sich nicht zu befassen, die wollen wir schon zur Erledigung bringen."

„Sie sind sehr gütig, mein Herr!" sprach nicht ohne Verlegenheit der Volontair, „aber es sind dies so eigenthümliche Aufträge, daß ich dieselben nur selbst abwickeln kann."

„So, so," bemerkte der Kaufherr mit spöttischem Lächeln. „Nun, ich will nicht in Ihre Geheimnisse bringen, aber Sie werden von heute an Ihre Wohnung in meinem Hause nehmen und nicht länger im Gasthofe weilen, Ihre Zimmer sind schon seit vier Wochen zu Ihrer Aufnahme bereit, und auch Ihr Koffer ist vor einigen Tagen angelangt."

„So, also der Koffer ist da?" fragte der Volontair zerstreut. „Ja, Herr Benecke, ich würde dieses Anerbieten dankbar annehmen, aber da ich eben in den nächsten vierzehn Tagen oft Tage lang von Bremen abwesend sein werde, so will ich während dieser Zeit noch im Gasthofe bleiben und dorthin auch den Koffer bringen lassen, damit ich nicht störe."

„Nun denn nach Belieben," grollte verstimmt der Kaufherr und begleitete den sich entfernenden Volontair bis an die Thüre seines Cabinets, nicht besonders erbaut von der Liebenswürdigkeit seines künftigen Schwiegersohnes, der von all' dem blöden, unbeholfenen Wesen, von welchem sein Vater geschrieben, nicht die geringste Spur zeigte, sondern vielmehr mit großer Dreistigkeit und Eigenliebe begabt zu sein schien und zugleich mit einer Zerstreutheit der Gedanken, die dem alten Kaufherrn am meisten mißfiel.

Die nächsten vierzehn Tage vergingen zur innigsten Freude Augustens, ohne daß der junge Holländer sich auf längere Zeit im Benecke'schen Hause sehen ließ. Ja kaum dort eingetreten, schien er vielmehr jeden Anlaß zu benutzen, um sobald als möglich sich wieder zu entfernen. Eben so war er, wenn er nach mehrtägiger Abwesenheit wieder in Bremen eingetroffen, nie zum Mittagsessen dort erschienen, ja hatte alle Einladungen hierzu unter vielfachen Ausflüchten abgelehnt, so daß der alte Kaufherr in immer tiefere Mißstimmung gerieth. Als daher eines Abends Auguste mit dem Vater und Onkel allein war, konnte der alte Kaufherr nicht länger mit seinem stillen Grolle zurückhalten und fragte:

„Nun, wie gefällt Euch denn der Sohn meines alten Freundes?"

„Höre, Bruder!" antwortete lachend der Professor und rieb sich vergnügt die Hände, „von der Menschenkenntniß des alten Herrn van der Buren habe ich eben keine besonders günstige Meinung erlangt, denn es scheint von Allem, was er Dir über seinen hoffnungsvollen Sohn geschrieben, das Gegentheil sich zu zeigen, und blöde scheint derselbe eben auch nicht zu sein, denn gestern noch hatte mein Dienstmädchen alle ihre Kräfte nöthig, um sein Verlangen nach einem Kusse zurückzuweisen, und sein dreistes Gelächter bei dem Sträuben des Mädchens verstummte erst dann, als er mich erblickte, und nun schlich er mit scheuer Verbeugung an mir vorüber."

„Dich hätte ich allerdings nicht fragen sollen," bemerkte tadelnd der Kaufherr, „denn wenn Du nicht im Voraus gegen denselben eingenommen wärest, würdest Du ein derartiges, allerdings in unserem Hause unpassendes Betragen nicht als Anklage benutzen."

„Ja sieh, Daniel," sprach der Professor, ohne gegen den Tadel sehr empfindlich zu sein, „Du mußt es mir schon zu

Gute halten, daß ich diesem jungen Holländer nicht eben günstig gestimmt bin, und ich mache gar kein Hehl daraus, daß derselbe durch sein unstetes Wesen und den sich zeigenden Mangel an guter Erziehung bei mir schon sehr verloren hat, und daß es eines Vergleichs zwischen diesem Menschen und Deinem wackern Buchhalter gar nicht bedarf."

„Was Deinen Schützling anbetrifft," entgegnete hierauf finster der Kaufherr, während Auguste mit dankbaren Blicken dem Professor Beifall zulächelte, „so muß ich bitten, auf denselben bei unserm Gespräche nicht zurückzukommen, wenn Ihr nicht wollt, daß ich sofort abbreche. Oder soll ich es denn allemal als eine thörichte Schwäche bereuen, wenn ich es versucht, mit Denjenigen, die mir am nächsten stehen, mich über Das auszusprechen, was meinem Herzen Kummer verursacht, und worüber ich sonst mit Niemand reden kann!"

Bei diesen, voll tiefer innerer Bewegung gesprochenen Worten des Kaufherrn wechselten der Professor und Auguste überrascht die Blicke, denn noch nie war derselbe in solcher Weise, nach Theilnahme verlangend, Tochter und Bruder entgegen gekommen, und Auguste trat daher sichtbar gerührt dem Vater näher, legte liebkosend die Hand auf dessen Schulter und sprach: „Lieber Vater, wer sollte es denn mit Dir herzlicher und ehrlicher meinen, als Dein Kind und Dein treuer Bruder? Bin ich denn je gefühllos für die Beweise väterlicher Liebe gewesen, so selten auch Du selbst mir Vertrauen geschenkt und so wortkarg Du Dich mir auch zeigtest?"

„Ja, Herr Bruder, was Dir jetzt Auguste sagt, muß ich bestätigen," setzte der Professor hinzu und schüttelte dem Kaufherrn treuherzig die Hand. „Ich will nicht wieder auf

Personen zurückkommen, von denen Du nun einmal jetzt nichts hören willst, aber ich zweifle, ob dieser junge Herr je Dein Vertrauen erwerben wird."

"Mein alter Freund muß mit Blindheit geschlagen sein, daß er nicht gefunden, wie ganz anders sein Sohn ist, als er ihn mir geschildert, oder der junge Mann, dessen sogenannte Geschäftsreisen mir ohnedies mißfallen, ist ein Meister der Verstellung, hat etwas Anderes im Plane, als wir Alten und will vielleicht hier gar nicht gefallen!" rief der Kaufherr.

"Verstellung kann mit im Spiele sein," entgegnete der Professor mit bedenklicher Miene, "doch nicht gefallen wollen das liegt gewiß nicht in seiner Absicht, wohl aber scheint er eine starke Dosis Leichtsinn und Frechheit zu besitzen und es macht ihn verlegen, daß er sich noch nicht hier so geben kann, als wie er es vielleicht anderwärts gewohnt ist."

"Und ich bin ihm dankbar, daß er auf eine Weise mich behandelt, durch welche ich unter anderen Verhältnissen mich schwer beleidigt fühlen müßte," setzte Auguste lächelnd hinzu. "Allerdings hätte ich nie geglaubt, daß ein junger Mann, der um meine Hand werben soll, mir so wenig Aufmerksamkeit erweisen würde, als dieser junge Holländer, dessen drittes Wort, wenn er mit mir spricht, eine Tactlosigkeit ist. Aber immer besser, er behält dieses Betragen bei, als wenn er seine Rolle als Freier mit einer belästigenden Zubringlichkeit beginnen wollte."

Der Kaufherr, der von keiner Seite etwas Tröstliches über den künftigen Schwiegersohn hörte, blickte mißmuthig auf Bruder und Tochter, holte dann halb seufzend tief Athem und sprach: "Noch kann man kein so hartes Urtheil über den jungen Mann fällen. Sein Vater hat mir geschrieben, wie es ihm lieber gewesen, wenn sein Sohn schon gerast hätte, wie die Holländer zu sagen pflegen — aber der ganze Charakter desselben sei Bürgschaft, daß die Zeit, wo tolle Jugendstreiche aus übersprudelnder Lebenslust zu befürchten, nie bei ihm eintreten werde und es wäre doch wahrscheinlich ein seltsames Mißgeschick, wenn diese Rasezeit grade hier den jungen Herrn packen sollte. Warten wir daher noch einige Wochen, wie er sich dann benehmen wird, denn noch steht mein Entschluß fest, und finde ich später in diesem Holländer, was ich gehofft, so wird eine vernünftige Tochter nicht die letzten Lebensjahre ihres Vaters durch Starrsinn und Trotz verbittern."

Mit diesen Worten entfernte sich der Kaufherr und ging in sein Zimmer. Auguste aber blickte lächelnd auf den Oheim und flüsterte:„ Der Vater thut mir leid, denn es kämpft bitter in ihm die schon gewordene Ueberzeugung, daß er sich in dem Erwarteten getäuscht, mit dem einmal gefaßten Entschlusse; er will nur aus Eigensinn nicht, daß wir zu Gunsten Günther's auf eine glückliche Wendung hoffen sollen."

„Die wird dieser neue Volontair schon selbst herbeiführen," sprach der Professor und entfernte sich.

Auguste aber eilte in ihr Schlafgemach und schrieb dem Geliebten, frohen Muthes zu sein, trotz des Nebenbuhlers, da er ihrer Treue fest vertrauen könne, und bis jetzt Alles zu Gunsten der Liebenden sich zu gestalten scheine.

———

Am 8. März des Jahres 1776 verließen die letzten Abtheilungen des hessischen Hilfscorps das damalige Landgrafenthum Hessen-Kassel und traten ihren Marsch nach Bremen und Lehe an. Wer diese Soldateska sah und den Jubel hörte, unter welchem die einzelnen Bataillone sich nach und nach in Marsch setzten, um den Gefahren des Krieges in einem andern Welttheile entgegen zu gehen, der hätte wohl nicht geahnt, daß in deren Reihen so Vieler Herzen Schmerz und Reue erfüllten. Die Jubelnden waren größtentheils solche, welche entweder vagabundirendes Leben oder Brotlosigkeit unter die Fahnen geführt, und die Ausbrüche roher wilder Lust übertäubten den Verzweiflungsschrei des armen Familienvaters, der durch List oder rohe Gewalt geworben, daheim Frau und Kind hilf- und schutzlos wußte oder die Ausbrüche ohnmächtiger Wuth eines jungen Mannes, des einzigen Sohnes armer Eltern, der des angstvollen Harrens der Eltern und seiner vernichteten Laufbahn gedachte.

Wohl hatte es unter diesen Truppen auch schon Aufwiegelungen gegeben, aber nicht wegen des Ausmarsches aus den hessischen Landen, sondern infolge eines allgemein verbreiteten Gerüchts, als hätte England, wegen Unterhandlung mit den Colonien, diese Hilfstruppen nicht mehr nöthig. Hierzu hatte die Ordre, den Marsch nicht fortzusetzen, Veranlassung gegeben, welche die Commandeure einiger Regimenter erhalten. Allein es hatte sich nicht um Rücksendung der Truppen nach Hessen gehandelt, wohin sich der größte Theil der Mannschaften nicht wieder zurücksehnte, sondern um Verlegung derselben in Gegenden, die den Ueberschwemmungen der Weser, Leine und Ocker nicht ausgesetzt waren. Jene Meutereien waren daher bald unterdrückt worden. Die Einschiffung der letzten Truppen fand Ende März statt. Bis zum 23. März waren bereits fünfzig große Transportschiffe zur Aufnahme derselben in Lehe angelangt. Hier zeigte sich das wirklich bunte Gewühl eines Kriegslagers mit all' seinen heitern und finstern Seiten. In langen Reihen von Zelten, welche längs den Ufern der Geeste, wo diese in die Weser einmündet, sich hinzogen, lagerten die Regimenter nahe dem Hafen. Schaaren von Frauen und Mädchen aus der Hefe des Volkes, der damaligen Zeit gemäß bei den Regimentern auf Märschen und Lagerplätzen geduldet, wurden hier von den Dragonern zurückgetrieben.

In zahllosen Marketenderzelten tönte Tag und Nacht der wilde Jubel der Zechenten und Tanzenden, und das Handgeld der Geworbenen verschwand in die Taschen der lüderlichen Dirnen oder ging durch Würfel= und Kartenspiel aus Hand in Hand; überall bachantische Lust, während im Hintergrunde so manchen Zeltes unglückliche Opfer vergebens in stärkendem Schlummer das Elend ihrer Lage zu vergessen suchten.

Wie auf einem im großen Wasser schwimmenden, schwarz angestrichenen Schiffe die drohende Bezeichnung: „Militär=gefängniß" zu lesen war, so trugen zwei dem Lager zunächst gelegene Baracken die originelle Firma: „Hier wird getraut." — Dahin drängten sich Soldaten mit Frauen und Mädchen unter Vorweisung der verlangten Legitimationen, um sich durch einen Schiffscaplan ehelich zusammen geben zu lassen. Solchen angetrauten Soldatenfrauen wurde gestattet, auf besondern Transportschiffen die Reise mitzumachen, sobald der Mann im Stande war, die Verpflegungs=Kosten zu bestreiten.

Günther, welcher infolge der tröstenden Briefe der Geliebten mit um so freudigerem Muthe die Last der Geschäfte zu bewältigen bemüht war, die auf ihm ruhte, hatte sehr oft in den Quartieren der obersten Befehlshaber, sowie auf den Schiffen selbst zu thun und genoß als Bevollmächtigter der Firma Benecke der ehrenvollsten Beachtung.

Eines Nachmittags kam Günther vor Anbruch der Dunkelheit vom Schlosse des nahe gelegenen Marktfleckens Bederkesa zurück, wohin ihn der Brigadegeneral von Stein zu einer Besprechung eingeladen hatte und wollte sich nach seiner Wohnung begeben, als ihm Michelsen entgegen kam.

„Ist etwas Besonderes vorgefallen?" fragte Günther den seiner wie ungeduldig harrenden Mäkler, der durch seinen beständigen Umgang mit dem Schiffsvolke etwas kurz und derb, aber von Charakter brav, zuverlässig und von tieferem Gefühl war, als man seinem Aeußeren nach erwartet hätte.

„Nichts was die Firma Benecke betrifft," entgegnete der Mäkler, „aber für Euch, junger Herr, der Ihr bei Pontius und Pilatus offenes Ohr findet, für Euch giebt es ein Stück Arbeit, was Euch vielleicht einen Gotteslohn einbrächte."

„Und dies wäre?" fragte Günther neugierig.

„Nun, es gilt, Euch eines armen, von der Welt verlassenen jungen Mannes zu erbarmen," fuhr der Mäkler fort, „den man soeben unter Stößen und Püffen und mehr auf den Knien, als auf den Füßen in das uns hier zunächst liegende Schiffsgefängniß geschleppt hat, weil er heute vor der Vereidung seines Regimentes Gott zum Zeugen angerufen, daß er auf die nichtswürdigste Weise all' seiner Habe beraubt, und von Werbern des Scheither'schen Freicorps überfallen worden sei. Sein Vater sei ein reicher Rotterdamer Kaufmann und würde gern Tausende von Thalern für ihn zahlen, wenn man es ihm meldete, in welcher entsetzlichen Lage sein einziges Kind sei."

„Der Sohn eines Rotterdamer Kaufmanns?" fragte aufmerksam Günther. „Und wie nennt er sich?"

„Wenn ich nicht irre van der Buren," entgegnete der Mäkler.

„Das ist nicht möglich," rief Günther, „denn der Sohn van der Buren's befindet sich seit vierzehn Tagen in dem Hause meines Chefs."

„Nun, vielleicht habe ich den Namen nicht richtig verstanden, oder es giebt mehrere desselben Namens in Rotterdam," fuhr der Mäkler fort. „Aber wetten wollte ich darauf, daß der arme Mensch ein ehrlicher Bursche ist."

„Und was entgegneten die ihn fortschleppenden Wachen?" fragte Günther.

„Hm, was diese Art Menschen bei solchen fast täglich vorkommenden Verzweiflungskämpfen zu entgegnen pflegen," rief der Mäkler verächtlich. „Sie hörten ihn anfangs lachend an; als er sich aber sträubte, ihnen als Arrestant zu folgen, weil er seinen Hauptmann kniend gebeten, ihn nicht zur Musterung und Vereidung ausrücken zu lassen, da er gegen seinen Willen hierher geschleppt worden sei, tractirten sie ihn mit Kolbenstößen und beantworteten mit Hohngelächter seine Betheuerung, daß er reicher Leute Kind wäre."

„Nun, auf einen Gang soll es mir nicht ankommen," rief Günther, den der Name des Unglücklichen seltsam aufgeregt hatte, und schritt dem Gefängnißschiffe zu, theilte dort dem Befehlshaber desselben das eben Vernommene mit und bat ihn, den angeblichen Rotterdamer Kaufmannssohn vorführen zu lassen.

Dieser aber schüttelte ungläubig den Kopf und sprach: „Ich will Euch, unser Aller Proviantmeister, zwar gern gefällig sein, allein ich glaube kaum, daß es sich der Mühe lohnt, den Kerl heraufbringen zu lassen, denn jedenfalls ist dies Einer von den Vielen, die, nun es an Bord gehen soll, den Muth verlieren, und Alles, was diese Art dann von reichen Eltern und vornehmer Herkunft schwatzt, ist nichts als Fabel. Indeß, da Ihr Antheil an diesem Menschen zu nehmen scheint, dessen Lage übrigens Hunderte dieser aus allen Winkeln zusammengerafften Armee theilen, wollen wir ihn kommen lassen, obgleich ich nicht einsehe, selbst wenn das, was er aussagt, keine Lüge wäre, was dies ihm jetzt hier noch helfen soll, da doch gewiß von Bremerlehe aus eine Untersuchung darüber nicht mehr stattfinden kann."

„Wenn er der Kaufmannssohn aus Rotterdam ist, für den ich mich interessire," entgegnete Günther, „dann zahle ich für ihn jeden Preis, und wenn es sein muß, bringe ich statt seiner einen Stellvertreter."

„Vereidet ist er allerdings noch nicht," sprach der Capitain, und bald brachten zwei Mann Wache einen jungen blassen Mann, dessen Kleidung in einem schmutzigen Linnenkittel nebst Beinkleidern von gleicher Beschaffenheit bestand, und dessen nackte Füße in großen groben Schuhen steckten.

Auf einen Wink des Befehlshabers trat die Wache ab, und der vor Angst und Kälte zitternde Gefangene starrte jetzt mit irren Blicken die beiden anwesenden Männer an, preßte krampfhaft seine Hände gegen die Stirn und sank dann, in heftiges Schluchzen ausbrechend, auf einen Stuhl.

Mitleidig ruhte Günther's Blick auf dem Unglücklichen; wie er jetzt denselben in so beklagenswerthem Zustande vor sich sah, schien es ihm selbst unmöglich, daß dieser der Sohn des Rotterdamer Millionärs sein könne, sein so gefürchteter Nebenbuhler, der jetzt, zusammenschreckend, sich aufrichtete, als der Capitain begann:

„Bursche, man hat Dich heute Deiner Widerspenstigkeit wegen mit Gewalt auf's Schiff schleppen müssen als Arrestant. Wenn irgend noch eine Besserung Deiner Lage möglich, so theile diesem Herrn, der Mitleid mit Dir armseligen Wicht hat, wahrheitsgetreu mit, wer Du bist und wie Du zum hessischen Hilfscorps gekommen. Sieh Dich aber wohl vor, denn wirst Du auf Lügen ertappt, so bekommst Du die neunschwänzige Katze auf eine Weise zu kosten, daß Du Zeit Deines Lebens daran denken sollst!"

Der Arrestant, welcher mit Blicken der Furcht und Muthlosigkeit den Capitain, während der Ansprache desselben, angestarrt, wendete sich jetzt an Günther und rief, die Hände flehend zu ihm emporhebend:

„Wäre es denn möglich, daß noch ein menschliches Herz Erbarmen für mich fühlte! — O, mein Herr, wenn noch ein Funke Menschlichkeit in Ihrer Brust glüht, retten Sie mich aus diesem Zustande der Verzweiflung, ehe der Wahnsinn mich tödtet! Bis zum letzten Athemzuge will ich es Ihnen danken, und reich wird mein Vater den Retter seines Sohnes belohnen. Ja, so wahr ein Gott über uns lebt, ich bin der Sohn des Kauf- und Handelsherrn van der Buren in Rotterdam und trat, um meine Braut kennen zu lernen, eine Reise nach Bremen an, nach Bremen, dem ich hier so nahe bin und wo ich doch Niemand fand, der dem Kaufmann Benecke von dem Unglücke Nachricht gegeben hätte, welches den Sohn seines Freundes betroffen. Zwei

Meilen von Münster, in einer elenden Haidegegend, brach bei Anbruch der Dunkelheit durch Umwerfen des Postwagens die Achse, und ich sah mich mit noch einem Passagier genöthigt, in einem nahe gelegenen Wirthshause zu übernachten und dort auf Fahrgelegenheit zu warten. Nur ein Zimmer war in demselben noch für uns übrig, denn die andern Räume des Hauses hatten Werber in Besitz genommen, die, wie ich später erfuhr, für Rechnung eines Herrn von Scheidler ihr scheußliches Gewerbe trieben. Aus der großen, zur ebenen Erde liegenden Gaststube tönte uns wilder Gesang, durch Lachen, Schimpfen und Streit unterbrochen, entgegen, so daß ich gleich lieber wieder umgekehrt wäre, wenn nicht die nächtliche Finsterniß mich zurückgeschreckt, da nach der Versicherung des Wirthes mehrere Stunden weit in der Umgegend kein gastliches Obdach zu finden war."

Der Arrestant hielt hier inne und unverkennbar fiel ihm in Folge der durchlebten Schreckenstage und seines tiefen inneren Seelenschmerzes das Sprechen schwer, sowie auch in Günther schon nach dieser kurzen Mittheilung kein Zweifel zu sein schien, daß Lüge und Verstellung dem Unglücklichen fremd waren; auch der Capitain, welcher denselben mit milderen Blicken betrachtete, schien gleiche Ansicht gewonnen zu haben, er holte aus einem Wandschranke eine Flasche Madeira hervor und reichte dem Erzähler ein gefülltes Glas mit den Worten:

„Stärke Dich und komme sobald als möglich zu Ende mit Deiner Jammergeschichte, aber bedenke nochmals, was Dir bevorsteht, wenn Du uns zu hintergehen wagst."

„Ich habe nirgend Glauben gefunden und muß es daher über mich ergehen lassen, wenn auch Sie meinen Worten nicht Glauben schenken," entgegnete der junge blasse Mann, welcher die angebotene Stärkung dankend angenommen und hastig ausgetrunken hatte. „Auch würde ich mich so muthlos nicht zeigen, wenn nur ein Mittel sich mir zeigte, daß mein alter Vater vor der Einschiffung Nachricht von dem entsetzlichen Loose erhielte, welches mich betroffen."

Und wieder schien die Verzweiflung über seine hilflose Lage den Unglücklichen zu überwältigen, und laut weinend barg er sein Antlitz in seine Hände.

„Noch giebt es vielleicht für Sie Rettung," entgegnete Günther, tief gerührt bei den Leiden des jungen Mannes. „Doch, fahren Sie fort, die Zeit drängt."

Der Arrestant seufzte tief auf, als hoffe er auf nichts mehr und fuhr, etwas ruhiger geworden, fort:

„Ich will Ihre Geduld nicht ermüden mit Schilderung all' des namenlosen Elends, welchem ich bis heute preisgegeben war, nur muß ich Ihnen mittheilen, daß der Fremde, mit dem ich mein Zimmer in jenem Wirthshause zu theilen genöthigt wurde, ein durchtriebener Schurke war. Erst wenige Stunden vor unserm Unfall hatte er als Passagier den Postwagen bestiegen und sich mir als Reisender eines Braunschweiger Handelshauses vorgestellt, welcher sich freue, eine längere Tour in meiner Gesellschaft zu machen. Er zeigte sich aufrichtig und herzlich gegen mich, so daß ich gern auf seinen Vorschlag einging, bei Tisch ein Glas Wein mit ihm zu trinken und mich von ihm unvorsichtigerweise bereden ließ, das bunte Treiben im untern Zimmer des Gasthofes auf wenige Augenblicke mit zu beobachten. Hier hatten bereits zwölf Mann Handgeld genommen, und aus den dampfenden Punschbowlen gingen die gefüllten Gläser ununterbrochen von Hand zu Hand. Mein Reisegefährte war bald mit den Werbeofficieren bekannt, trank mit ihnen und stieß wiederholt auf deren Wohl an, während auch mir ein Werber ein gefülltes Glas brachte. Ich weigerte mich anfänglich dasselbe anzunehmen, weil ich von Haus aus gewarnt worden war, mit Werbern mich irgendwie einzulassen; endlich aber, als der Officier erklärte, daß er es als eine Beleidigung ansehen würde, wenn ich mich weigerte, mit ihm auf unser gegenseitiges Wohl anzustoßen, ging ich darauf ein, um Standal zu vermeiden, verließ aber sofort die Gaststube und eilte auf unser Zimmer, wohin auch mein Gefährte mir folgte. Vor dem Schlafengehen drang mir derselbe noch ein Glas Wein auf, um, wie er sagte, nichts in der Flasche zu lassen. Bald darauf überfiel mich eine so plötzliche Müdigkeit, daß ich, im Auskleiden begriffen, auf mein Bett sank und einschlief. Wer aber begreift mein Entsetzen, als ich am andern Morgen erwachte und meine Uhr, meine Börse, sowie meine mit Wechseln und Gold wohlversehene Brieftasche vermißte, ebenso auch meinen Rock, und nur das noch an Kleidungsstücken besaß, was ich beim Auskleiden noch nicht abgelegt hatte, während mein Reisegefährte verschwunden war.

Ich eilte erschrocken nach der Thür, um nach dem Wirth zu rufen, aber statt dessen trat mir ein Unterofficier des Werbe=Commando's entgegen und erklärte mir kurz und barsch, daß ich Rekrut im von Scheidher'schen Freicorps sei und gestern Abend bereits den Handschlag gegeben, das Handgeld aber mein Reisegefährte erhalten habe, weil ich zuletzt total betrunken gewesen sei.

Entrüstet über diese nichtswürdigen Lügen verlangte

ich von Neuem nach dem Wirth; dieser kam und erklärte frech auf meine Klagen und Vorwürfe, daß ich am besten wissen müsse, wo meine Uhr, Geld und Brieftasche und ebenso der Kerl hingekommen, der mit mir hier eingekehrt sei und mit dem ich wahrscheinlich ein verabredetes Spiel getrieben. Er aber verlange von mir Bezahlung für Das, was wir verzehrt, da mein Collega ohne Bezahlung sich diese Nacht heimlich entfernt habe.

Schutz= und hilflos sah ich mich nun in den Händen habgieriger und gewissenloser Schurken, alles Beweises beraubt, wer ich sei, und noch an demselben Vormittag mußte ich mit diesem Leinenkittel den Gasthof als Rekrut in Gesellschaft einer gegen zwanzig Mann starken Schaar junger angeworbener Leute unter militärischer Bedeckung verlassen.

Am andern Morgen wurde ich an hessische Werber abgegeben. Mehrere Tage mußte ich mit einem ziemlich starken Trupp die Scheune eines abgelegenen Gutes als Quartier einnehmen. Nachdem wir Verstärkungen abgewartet, richteten wir unseren Marsch hierher, ohne Bremen zu berühren, wo ich noch auf Rettung gehofft." —

„Und ist Ihnen denn Nichts geblieben, wodurch Sie vor Gericht sich als den Sohn des Kaufmanns van der Buren aus Rotterdam hätten legitimiren können?" fragte Günther, welcher bereits im Stillen auf die Rettung seines Nebenbuhlers sein eigenes Glück baute.

„Nur dieser Reif," entgegnete der Gefragte, auf einen einfachen, goldenen Ring zeigend, den er am Zeigefinger der rechten Hand trug. „Er ist ein Andenken an meine selige Mutter und seit meinem achten Jahre an diesem Finger, von welchem ich ihn abfeilen lassen müßte, wenn ich ihn vorzeigen sollte; er trägt auf seiner innern Seite Vor= und Familiennamen meiner Mutter, sowie die Angabe von deren Geburts= und Vermählungstage."

„Der Ring kann Ihnen vielleicht später nöthig sein," sprach Günther. „Vor Allem aber, Herr Capitän, gestatten Sie, daß ich mit diesem jungen Manne mich zum Generalmajor Schmidt begebe, ich will es wagen, ihn zu retten und bürge für Ihren Arrestanten."

„O, edler Mann, wie soll ich dies Ihnen danken?!" rief bei so unerwarteter Aussicht auf Rettung, von freudiger Bewegung durchbebt, der Gefangene.

„Dazu wird sich vielleicht Gelegenheit finden," entgegnete lächelnd der Buchhalter.

„Alle Teufel!" rief der Capitän. „Ich habe zwar an Euch einen vollwichtigen Bürgen und glaube selbst, daß der Kerl nicht gelogen hat, aber wird die Sache bekannt, dann will ich verdammt sein, auf dem Anker an's Land zu reiten, wenn nicht wenigstens zweihundert von jedem Regiment solcher armen Sünder uns eine ähnliche Jammergeschichte vorheulen. Nehmt den Burschen denn mit!"

Dankend entfernte sich der Buchhalter mit seinem Schützling, führte denselben in seine Wohnung, wo er ihn mit einer anständigen Kleidung versah, und eilte nun mit ihm zum Generalmajor Schmidt. Aber es bedurfte all' seines Einflusses, um die Befreiung des Geworbenen zu erlangen. Nur auf Günther's Versprechen, einen tüchtigen Stellvertreter herbeizuschaffen, erfolgte am anderen Morgen die Befreiung des jungen Holländers von der ihm aufgezwungenen Militairpflicht.

Während dies in Lehe sich zutrug, war man in Bremen im Hause des Kaufmanns Benecke täglich immer mehr zu der Ansicht gelangt, daß der angebliche junge Holländer nicht dazu geeignet sei, sich die Achtung der Familie zu erwerben. Denn nachdem der junge Herr seine Geschäftsreisen in der Umgegend von Bremen beendigt, hatte er fortwährend noch Ausflüchte gefunden, dem Comtoir fern zu bleiben, und wenn er Mittags oder Abends sich im Hause des Kaufherrn sehen ließ, so war er bei dem geführten Gespräch stets zerstreut und legte dem Professor gegenüber oft einen großen Mangel an Bildung an den Tag, während seine Aufmerksamkeit Augusten gegenüber eine erzwungene und alles feinere Gefühl verletzende war. Alle Drei fühlten sich wohler, wenn dieser unheimliche Gast sich wieder entfernt hatte, wozu ihn auch stets' nach kurzem Verweilen eine offenbar ängstliche Hast trieb. So waren drei Wochen seit der Ankunft des künftigen Schwiegersohnes vergangen, und der alte Herr saß eines Vormittags, höchst verdrießlich über die seinem Plane so ungünstig sich gestaltenden Verhältnisse in seinem Comtoir, als der Volontair eintrat.

„Ah! Herr van der Buren! Auch wieder einmal sichtbar!" rief mit bitterm Hohn der alte Kaufherr, sich demselben zuwendend, dessen entzündete Augen auf eine schlaflos zugebrachte Nacht deuteten.

„Ich habe," fuhr der Kaufherr mit steigendem Unwillen fort, „soeben einen Brief an Ihren Herrn Vater beendigt, in welchem ich demselben mitgetheilt, wie sich bei mir starke Zweifel regen, ob je die Hoffnungen sich erfüllen werden, die wir hinsichtlich der Zukunft unserer Kinder genährt, und daß ich es für besser halte, wenn Sie vorher auf einige Zeit in einem andern Comtoir eine Stelle annehmen, wozu ich gern die Hand bieten will, da es Ihnen nun einmal in meinem Hause nicht sonderlich zu behagen scheint."

„Ich habe diese Vorwürfe verdient," entgegnete nach einer peinlichen Pause der Eingetretene, indem er sich, den ersten forschenden Blicken des Kaufmanns scheu ausweichend, mit den goldenen Berloques seiner Uhrkette beschäftigte; dann aber sich ermannend trat er mit einem höflichen Lächeln dem Zürnenden näher und sprach: „Und dennoch, so ungehalten Sie auch auf mich sind, muß ich doch mich an Ihre Güte wenden und Sie bitten, mir hilfreich beizustehen. Dann bin ich mit allen meinen Angelegenheiten zu Ende und werde ernstlich danach streben, mir Ihr Wohlwollen wieder zu erwerben."

„Und in wiefern soll ich Ihnen helfen?" fragte gespannt der Kaufherr.

„Ich bedarf fünfhundert Ducaten," fuhr der Volontair zögernd fort.

„Hm! sonderbar!" brummte der Kaufherr. „Gewiß hat Ihr Herr Vater Sie mit guten Wechseln versehen, wenn er Ihnen Geschäfte auf eigene Hand abzumachen übertrug."

„O, ja wohl!" stammelte der Volontair; „aber ich selbst hatte Ehrenschulden zu tilgen, von denen mein Vater nichts erfahren sollte."

„So, so!" grollte Benecke, nicht eben sonderlich durch diese vertrauliche Mittheilung des schüchtern und solid geschilderten jungen Mannes erfreut. „Und dies konnten Sie mir wohl nicht gleich bei Ihrer Ankunft anvertrauen?"

„Ich wagte es nicht, aber nun will ich meinem Vater Alles bekennen, und mit umgehender Post wird Ihnen diese Summe dankbar zurückerstattet werden," rief der hoffnungs=
volle Volontair ermuthigter.

„Das ist nicht nöthig, junger Mann," entgegnete kalt und ernst der Kaufherr. „Ich bedarf nur einer einfachen Schuldverschreibung von Ihrer Hand, auf welche Ihnen mein Kassirer diese Summe heute Nachmittag auszahlen soll. Ich will," fuhr er nach einer kurzen Pause fort, „den bereits abgeschlossenen Brief noch einige Tage zurückbehalten, in der Voraussetzung, daß Ihr ganzes Ver=
halten in meinem Hause von dieser Stunde an ein Ihrer würdigeres wird, dann aber," fügte er mit drohender Stimme hinzu, „wenn auch diese Frist ohne eine vortheil=
hafte Aenderung Ihres Wesens vorüber, dann, mein Herr, sind wir auf immer geschiedene Leute, so weh mir es auch thut, Ihren alten braven Vater dadurch zu kränken!"

„O, Sie sollen mit mir zufrieden sein," entgegnete mit reuiger Stimme der Volontair, setzte aber schnell hinzu: „Also heute Nachmittag?"

„Um drei Uhr!" entgegnete der Kaufherr kurz und wen=
dete sich seinen Arbeiten wieder zu, während der Volontair ihm dankend die Hand drückte und sich entfernen wollte. — In diesem Augenblick hielt ein Wagen vor der Thür, und gleich darauf trat der Buchhalter Günther hastig in's Comtoir, heftete einen forschenden Blick auf den jungen Mann und rief, demselben in den Weg tretend:

„Auf einen Augenblick, mein Herr!"

„Was wünschen Sie von mir?" sprach dieser, einen Schritt zurückweichend, während auf Günther's Wink zwei zu gleicher Zeit eingetretene Markthelfer die Comtoirthür besetzten, und der Kaufherr, durch seines Buchhalters Stimme aufmerksam gemacht, ebenfalls aus seinem Zimmer trat und wie von einer bösen Ahnung ergriffen, ausrief: „Günther, Sie hier, was ist geschehen?"

„Noch hoffe ich nichts, was Ihrem Hause nachtheilig wäre," entgegnete Günther ernst. „Vor Allem bitte ich Sie, Herr Benecke, mir zu sagen, ob dieser Mensch sich für den Sohn Ihres Freundes in Rotterdam ausgegeben."

„Allerdings!" rief staunend näher tretend der Kaufherr. „Dieser Herr ist der Sohn meines Freundes und hat sich als solcher genügend legitimirt."

„Er ist nicht der Sohn van der Buren's, sondern ein frecher Betrüger!" entgegnete Günther, festen Auges den finsteren Blicken seines Principals entgegentretend.

„Wie? Sie wären nicht der Sohn van der Buren's?" schrie der Kaufherr bleich vor Zorn und stürzte auf den keines Wortes mächtigen angeblichen Holländer zu.

„Ich begreife nicht!" stöhnte dieser. „Ich will aus dem Gasthofe sofort meine Legitimationen holen!"

Mit diesen Worten wollte der in die Enge getriebene Volontair zur Thüre hinausstürzen, wurde aber von den Markthelfern daran verhindert.

„Den jungen van der Buren habe ich aus dem gräßlichen Elend gerettet," sprach Günther, sich zu seinem Chef wendend; „er wurde durch einen Elenden all' seiner Habe beraubt und gewissenlosen Werbern überliefert."

„Ha! Ist's möglich!" schrie wuthentflammt der Kaufherr und trat mit geballter Faust dem entlarvten Betrüger näher, auf dessen Antlitz Todtenbläffe das Geständniß seines Verbrechens aussprach.

„Ueberlassen Sie es dem Arme der Gerechtigkeit, diesen Buben zu züchtigen," sprach Günther und wies auf zwei bewaffnete Gerichtsdiener, welche jetzt in's Comtoir traten, den jungen Mann fesselten und dann in einem Wagen der Frohnfeste zuführten.

Auf Günther's Arm gestützt, verließ der Kaufherr, bis in das Innerste seines Herzens erschüttert, das Comtoir und begab sich in die Wohnung, wo Auguste, beim Anblick des Geliebten nach mehrwöchentlicher Trennung, freudig aufjauchzend, demselben entgegeneilen wollte, erschrocken aber ihren Schritt hemmte, als sie dem Vater in das blasse, verstörte Antlitz blickte. Sie leitete daher diesen nach dem Sopha und nahm in kindlich liebevoller Besorgniß an seiner Seite Platz, während ihr seelenvoller Blick sich zärtlich auf Günther richtete, welcher ihre Hand ergriffen und, von dem Vater unbemerkt, stürmisch an sein Herz drückte.

Mit wenig Worten erklärte Günther der Geliebten und dem ebenfalls hinzugekommenen Professor die Veranlassung seines Hierseins.

„Aber wo weilt nun der Sohn meines Freundes?" fragte der Kaufherr, den die Anwandlung von Schwäche wieder verlassen, welche ihn durch das Unerwartete der so bitteren Enttäuschung und durch die Regung eines, durch einen Nichtswürdigen tief gebeugten Stolzes auf wenige Augenblicke übermannte.

„Meiner Anordnung nach hat sich derselbe, nachdem ich ihn dem Geheimen Tribunalsrath Holberg als den wirklichen Sohn des Kaufherrn van der Buren in Rotterdam vorgestellt, ehe ich hierher fuhr, von Gerichtsbeamten begleitet, in den Gasthof begeben, in welchem sein Doppelgänger wohnt, und dort alle Effecten mit Beschlag belegt und wartet nun meiner, um bei Ihnen eingeführt zu werden."

Da richtete der Vater Augustens die Blicke prüfend und mit unverkennbarem Wohlwollen auf den Buchhalter und sprach:

„Immer noch ist es mir wie ein schwerer Traum, was sich hier in wenigen Minuten ereignet hat, und nimmer hätte ich geahnt, daß Sie, Günther, den erwarteten Schwiegersohn erst erretten mußten aus Noth und Schmach, ehe er mein Haus betreten konnte.

„Ja, mein wackerer Günther," rief lächelnd der Professor, „Sie selbst bringen nun Ihren Nebenbuhler in's Haus."

„So wie ich den jungen van der Buren kennen gelernt," rief Günther, „kann ich mich der Beruhigung hingeben, daß er meines Lebens schönste Hoffnung nicht zerstören wird; doch ich will jetzt eilen, ihn herbeizuholen, der gewiß schon meiner sehnlichst harrt."

Mit diesen Worten entfernte sich der Buchhalter, der Professor aber begleitete den ebenfalls das Zimmer verlassenden Kaufherrn bis an die Treppe und sprach, ihm scherzend seine Dose bietend: „Ich glaube, daß ich ferner wohl nicht nöthig haben werde, mich für Deinen Buchhalter zu verwenden. Was meinst Du, Daniel?"

„Günther hat gehandelt, wie er als braver Mann handeln mußte, aber meines Wortes bin ich dadurch bei dem Freunde in Rotterdam nicht entbunden," entgegnete der Kaufherr ernst und ging in sein Comtoir.

Auguste aber war freudigen Muthes, trotz des verschriebenen Bräutigams, der nun wirklich kommen mußte, denn sie fühlte aus der ernst bewegten Gemüthsstimmung des Vaters heraus, daß die Härte gebrochen und Günther seinem Herzen näher stehe als je.

Nach Verlauf einer Stunde erschien endlich der Sohn des Freundes, von Allen auf das Herzlichste und Theilnahmvollste empfangen. — Wie ganz anders war das Betragen des wirklichen van der Buren. All' das Entsetzliche, was er seit dem Scheiden aus dem Vaterhause erlebt, hatten den schüchternen, verwöhnten Jüngling zum ernsten Manne umgewandelt, aus dessen ganzen Wesen ein noch unverdorbenes Gemüth sprach. Mit freudigem Stolze sah Auguste, mit stiller Genugthuung der Professor, wie er bei der Erzählung seiner trüben Vergangenheit mit warm hervorströmendem Dankgefühl des Buchhalters Hand ergriff und ihn den Retter seines Lebens nannte, für den er freudig selbst das Leben zu opfern bereit sei.

Der alte Benecke aber sprach halb träumend zu Bruder und Tochter, als die beiden jungen Männer sich entfernt. „Na, so viel wird mir klar, daß sich die Beiden als Nebenbuhler nicht die Hälse brechen werden."

Auguste aber rief scherzend, als ihr Vater sie seit langer Zeit zum ersten Male wieder beim Abschiede zur Nachtruhe küßte: „Nun, Väterchen, Günther kann sich Glück wünschen, daß ich diesen jungen Holländer nicht früher habe kennen lernen, wer weiß, ob ich dann Deinen Wünschen mich nicht folgsamer gezeigt hätte, als jetzt."

www.ingramcontent.com/pod-product-compliance
Lightning Source LLC
Chambersburg PA
CBHW030302170426
43202CB00009B/846